HEILUNG FINDEN

HEILUNG FINDEN

Ausgewählte Texte aus
Ein Kurs in Wundern®

Herausgegeben von
Frances Vaughan und Roger Walsh
mit Fotografien von
Jane English

Greuthof

Titel der Originalausgabe
A Gift of Healing
Selections from *A Course in Miracles*®
J. P. Tarcher, Inc., Los Angeles

Heilung finden
Ausgewählte Texte aus *Ein Kurs in Wundern*®

Übersetzung der Begleittexte: Franchita Cattani
Lektoriert von Gerhard Juckoff
Umschlagfoto: Simon, Atlantikbrandung
Gestaltung: Simon

1. Auflage 1999
ISBN 3-923662-44-0
Satz: TypoVision, Zürich
Gedruckt auf chlorfrei gebleichtem Papier
Printed in Germany

Inhalt

Einleitung

Sicherlich bestreitet niemand, daß die Menschheit Heilung dringend nötig hat. Die Zeichen dafür sind für alle, die sie sehen wollen, in dieser von Kriegen erschütterten Welt deutlich sichtbar. Im Großen finden wir Kriege, Hungersnöte, Katastrophen und Krankheit; im Kleinen die unzähligen geringfügigen seelischen und körperlichen, geistigen und gefühlsmäßigen Verletzungen, die wir alle nur allzugut kennen. Krankheit und Tod, Schmerz und Kummer, Trennung und Verlust gehören offenbar zum Menschsein. Natürlich begegnet man auch streckenweise inniger Liebe, großer Freude und tiefem Frieden, und manche Menschen haben das Glück, viele solcher Erfahrungen zu machen. Doch der Schmerz dringt zuweilen sogar in das glücklichste Leben ein.

Die Hauptthemen der großen Religionen waren stets die Unzufriedenheit mit dem Leben, die Begrenzungen des Körpers und die Unabwendbarkeit des Todes. In der Unendlichkeit des Universums sind wir, wie es in den Psalmen heißt, »wie Staub«. Unser Leben ist nichts als »Mühsal und Beschwer, rasch geht es vorbei … « (Ps 90,10). Und: »Wo ist der Mann, der ewig lebt und den Tod nicht schaut« (Ps 89,49)? In der Bhagavad-Gita sind die Weisen Menschen, die »die Fehler der Geburt, des Todes, des Alters, der Krankheit und des Leidens« zu sehen vermögen. »Alles Dasein ist leidvoll und unbefriedigend« besagt die erste edle Wahrheit des Buddha. In unserer Zeit haben die Existentialisten, die Angst und Verzweiflung als unentrinnbare Elemente des Menschenlebens bezeichnen, dieses Grundgefühl wieder aufgenommen.

Die großen Religionen bleiben jedoch nicht bei der einfachen Erkenntnis des Schmerzes unserer Alltagsexistenz stehen. Sie gehen weiter und verkünden, daß wir dem Schmerz entrinnen können; dazu bieten sie uns auch die Mittel an. Jede große Religion stellt fest, daß unser Leiden aus Unwissen und Illusion hervorgeht. Leiden, heißt es, entsteht, wenn wir vergessen, wer wir eigentlich sind – Kinder GOTTES, Atman, Buddhanatur oder eins mit dem Tao – und uns fälschlicherweise für begrenzte Wesen halten, für in einer Haut eingekapselte, in zerbrechlichen, vergänglichen Körpern gefangene Egos. Letztlich leiden wir, so die großen Religionen, an einer falschen Identität, einem falschen Selbstkonzept, einem irrigen Bild, das nur ein blasser Schatten unseres wahren grenzenlosen Seins ist. Wir leben nicht in der Wirklichkeit, sondern in der Illusion – Maya oder Samsara. Wir haben vergessen, wer wir eigentlich sind, und halten unsere Alpträume von Krankheit und Leiden fälschlicherweise für wirklich, während unser wahres Wesen unverändert und unveränderbar reines, strahlendes Satchidananda bleibt: grenzenloses Bewußtsein, reines Sein und Seligkeit.

Aus dieser Sicht werden die aus unserer Ego-Perspektive unentrinnbar scheinenden Krankheiten und Leiden als Illusionen begriffen, die unserem wahren Selbst in keiner Weise schaden können. Alles Leiden wird nur als Traum gesehen. Daraus folgt, daß die Heilung von Krankheit und Schmerz bedingt, daß wir aus unserem kollektiven Traum erwachen und uns daran erinnern, wer wir in Wahrheit sind. Dieses Erwachen wird in den verschiedenen Überlieferungen Erlösung, Satori, Befreiung oder Erleuchtung genannt. Dazu sind nicht unbedingt Veränderungen unserer Lebensumstände erforderlich, weil Schmerz und Krankheit bis hin zu dem Körper, den sie befallen, zum Traum gehören. Wir brauchen auch nicht danach zu trachten, unser wahres Wesen zu verändern, da es in der Tat unveränderbar ist. Vielmehr brauchen wir es nur wiederzuerkennen, uns daran zu erinnern und wieder darin zu erwachen, dann hören die scheinbaren Wirkungen des Alptraums vom Leiden auf. Wie es im Kurs heißt: »Diejenigen, die das Licht suchen, bedecken nur ihre Augen. Das Licht ist jetzt in ihnen. Erleuchtung ist gar keine Veränderung, sondern nur ein Wiedererkennen.« Diese Einsicht war von jeher das Ziel aller Weisheitslehrer und Überlieferungen in zahllosen Kulturen und über die Jahrhunderte hinweg, und alle boten einen Weg und eine Übung an, um sie zu erlangen.

Ein Kurs in Wundern ist eine Form dieser zeitlosen Weisheit, ein Weg zur Erleuchtung, ein Führer zum Erwachen, der uns Heilung finden hilft. Als solcher kann man ihn als zeitgenössische Fassung der »ewigen Weisheit« betrachten, jener allgemeinen Grundwahrheiten im Kern der großen Religionen.

Wie andere Formen dieser ewigen Weisheit beschreibt auch der Kurs die Allgegenwart des Leidens in der menschlichen Existenz und das allgemeine Bedürfnis nach Heilung. Daher bietet er uns einen Weg der Heilung und des Erwachens an, auf dem wir unsere Leidensträume als das begreifen lernen, was sie sind, und uns an unsere wahre Identität erinnern.

Auf diesem Weg diagnostiziert der Kurs unseren Zustand, schält die Ursachen dafür heraus und schlägt eine Behandlung vor. Wenn wir die Ursache, nämlich die falsche Wahl des Ego und damit Angst, Ärger und Angriff, loslassen, heißt es im Kurs, erwachen wir aus dem Traum und erkennen uns wieder als das, was wir immer gewesen sind: der eine SOHN GOTTES, grenzenlos, selig, voller Liebe und frei von allem Leiden.

Das Mittel zu dieser Heilung ist eine konsequente Übung und Bitte um die innere Hilfe, die alle schmerzlichen geistigen Einstellungen aufhebt. Diese Hilfe, im Kurs der HEILIGE GEIST, ersetzt Ärger durch Vergebung, Angst durch Liebe und Fluch durch Segen. Kurz, die »Geistesschulung«, uns immer wieder für den neuen Führer zu entscheiden, ist keine geringe Aufgabe und ist es noch nie gewesen. Zahllose Menschen haben ihr Leben diesem Ziel gewidmet und sich vor eine riesige Herausforderung gestellt gesehen. *Ein Kurs in Wundern* ist jedoch ein sanfter Weg, der bei dieser Aufgabe des Heilens und Erwachens keinerlei Opfer verlangt. Wie könnte es ein Opfer sein, heißt es darin, den Frieden und die Freude der Wirklichkeit an die Stelle der schmerzhaften Illusionen des Ego zu setzen?

So sieht der Kurs Heilung denn grundsätzlich anders an, als die Welt sie gemeinhin versteht, die die Ursache sowohl der Krankheit wie der Heilung im Körper ansiedelt, im Unterschied zum Kurs, der sie in den Geist zurückverlegt. »Krankheit stammt vom Geist«, heißt es darin immer wieder. Es ist also der Geist, der der Heilung bedarf.

Aus dem Blickwinkel der ewigen Weisheitslehren ist dieser grundsätzlich andere Ausgangspunkt vollkommen vernünftig. Wenn unser wahres SELBST unverändert und froh bleibt, während ein Teil des Geistes träumt, in einem begrenzten, leidenden Körper gefangen zu sein, dann ist es allerdings nötig, daß der Geist erwacht, und nicht, daß sich der Körper verändert. Der Körper ist lediglich ein Teil des Traums, den wir für uns gehalten haben. Der Kurs bietet also Heilung des Geistes an, was uns letztendlich gestattet, aus dem Traum von Krankheit, Leiden und Trennung von Gott zu erwachen.

Den Kurs hat eine Forschungspsychologin, Helen Schucman, zum Teil mit großem Unbehagen anhand eines inneren

Diktates aufgezeichnet. Sie hatte als Kind eine große Sehnsucht nach einem religiösen Verständnis, dann jedoch den Glauben aufgegeben, ihre Suche würde zu etwas führen, und bezeichnete sich in der Folge als »Atheistin«.

Bei der Niederschrift unterstützte sie ihr Kollege und Vorgesetzter, William Thetford. Beide waren angesehene Professoren für klinische Psychologie an der Columbia-Universität in New York und hatten bis dahin keinerlei Absichten, irgend etwas Religiöses zu schreiben. In ihrem Alltag und ihrer Arbeit waren sie auch nicht gerade spirituelle Vorbilder, sondern am drängenden und häufig bösartigen Wettbewerbsstreben und den inneren Machtkämpfen beteiligt, die auch in den besten Universitäten immer wieder anzutreffen sind. Heilung war auch in ihren Beziehungen nötig, die von Streitereien nicht verschont blieben. Doch wie es in *Ein Kurs in Wundern* heißt: »Die Leidensfähigkeit mag groß sein, sie ist aber nicht grenzenlos. Schließlich beginnt ein jeder zu begreifen – wie undeutlich auch immer –, daß es einen besseren Weg geben *muß*.«

Genau das dämmerte Bill Thetford eines Tages, als er plötzlich zu Helen sagte: »Es muß einen besseren Weg geben, miteinander umzugehen, und ich bin fest entschlossen, ihn zu finden«, worauf Helen antwortete: »Ja, das denke ich auch, und ich will dir dabei helfen.«

Wenige Wochen später begann Helen eine Reihe intensiver Bildfolgen vor ihrem inneren Auge zu sehen. Diese waren so deutlich, daß Helen anfänglich glaubte, sie würde ihren Verstand verlieren. Aber mit Bills Hilfe ließ sie sie zu; sie ergaben nicht nur für sie einen Sinn, sondern waren auch hilfreich für andere.

Schließlich hörte Helen nach drei Monaten, wie eine innere Stimme ihr sagte: »Dies ist ein Kurs in Wundern. Bitte schreib mit.« Wieder erschrak sie, glaubte, den Verstand zu verlieren, und sperrte sich zuerst dagegen, aber Bill empfahl ihr, das

Gehörte doch einfach in Steno mitzuschreiben. So begann eine siebenjährige Zusammenarbeit, bei der alles, was Helen diktiert bekam, jeweils in die Schreibmaschine übertragen wurde. So entstand *Ein Kurs in Wundern*. Die Heilung, um die es darin geht, insbesondere die Heilung von Beziehungen, zeichnet den Kurs eindeutig als den Führer zu einem besseren Weg aus, den zu suchen Helen und Bill gemeinsam übereingekommen waren. Die Entstehung des Kurses kann in Einzelheiten in Kenneth Wapnicks Biographie über Helen* nachgelesen werden.

Der Kurs besteht aus drei Teilen. Der erste ist das Textbuch, in dem sein Denksystem dargelegt wird. Der zweite ist ein praktisches Übungsbuch mit einer Lektion für jeden Tag des Jahres, und der dritte das Handbuch für Lehrer, in dem einige grundlegende Fragen besprochen und Begriffe erläutert werden. Danach wurden noch zwei kleinere Schriften über die *Psychotherapie* und das *Gebet* diktiert.**

Der Kurs ist in einer christlichen Sprache geschrieben, die im Original an die klassische King-James-Bibel anklingt. Manche Worte und Redewendungen hören sich veraltet an, und die Sprache ist durchweg männlich gehalten. Wenn jemand zu Beginn vielleicht Mühe mit der Sprache hat, könnte er schwierige Begriffe wohl vorübergehend durch andere ersetzen und beispielsweise »Befreiung« statt »Erlösung« oder »Kind GOTTES« statt »SOHN GOTTES« lesen.

Nachdem eine erste Abneigung gegen die altertümliche Sprache verflogen ist, tritt jedoch die dichterische Schönheit der Sprache und tiefe Wirkung der Botschaft klar zutage, und eine innere Wandlung kann nun beim Leser einsetzen. Man

* *Jenseits der Glückseligkeit*, erscheint im Herbst 1999 im Greuthof Verlag, Gutach i.Br.

** In *Die Ergänzungen zu Ein Kurs in Wundern*, Greuthof Verlag, Gutach i.Br.

hat die dichterische Qualität des Kurses vielfach mit den großen Werken der englischen Literatur verglichen; er ist über lange Strecken in jambischen Pentametern, dem Shakespeareschen Blankvers, verfaßt.

Mit seiner christlichen Sprache und seinen metaphorischen Bildern übermittelt der Kurs die ewige Weisheitslehre so, daß viele, die sonst keinen Zugang zu ihr hätten, sie annehmen können. Dennoch werden im Kurs Wert und Gültigkeit anderer Wege durchaus anerkannt; er erhebt keinen Anspruch darauf, der einzig richtige zu sein. Seine Botschaft der Heilung aller spricht denn auch dagegen, daß irgend jemand ausgeschlossen wird.

Dank seiner universalen Botschaft klingen im Kurs Themen und Gedanken an, die sich im Kern der großen Religionen wiederfinden. Er enthält zudem philosophische und psychologische Einsichten, die sowohl den alten Weisheitslehren und der modernen Forschung gerecht werden. Kurz gesagt, der Kurs ist ein außerordentlich reichhaltiger und dennoch äußerst praktischer Weg, der zur Heilung und zum Erwachen führt. Doch folgen tiefsinnige Gedanken so rasch und poetisch aufeinander, daß es schwerfällt, mehr als nur ein wenig auf einmal davon aufzunehmen. Daher ist die Auswahl kurzer Stellen zur näheren Betrachtung sicherlich eine Hilfe, damit der Leser sie besser würdigen und sich näher mit bestimmten Fragen beschäftigen kann. Darauf zielt *Heilung finden* ab.

Die hier aufgenommenen Zitate behandeln vor allem die Heilung. Wir haben aus der Fülle des Kurses diejenigen Stellen ausgesucht, die uns am tiefgehendsten, bewegendsten und poetischsten erschienen. Aber genauso, wie einige wenige Noten die Herrlichkeit einer Sinfonie nicht wiedergeben können, kann eine Auswahl die Breite, Tiefe und vielen Dimensionen von *Ein Kurs in Wundern* nicht übermitteln. Dazu greift man am besten doch zur vollständigen Ausgabe des Kurses. Wir hoffen, *Heilung finden* möge für diejenigen Leser, denen der Kurs nicht bereits vertraut ist, ein Anstoß sein, sich eingehender mit ihm zu beschäftigen.

Ein Kurs in Wundern hat unser Leben stark beeinflußt, und wir sind sehr dankbar, ihn auf diese Weise anderen näherbringen zu können. Wir hoffen, daß die nachfolgenden Stellen etwas von der Schönheit und dem Nutzen des Kurses vermitteln und allen, die sie lesen, Heilung schenken mögen.

1
Der Wunsch nach Heilung

Unsere körperliche Gesundheit und der Zustand der Welt spiegeln Wünsche und Abwehrmechanismen, Phantasien und Ängste wider. Um geheilt zu werden, müssen wir diese ungesunden Motivationen fallenlassen und durch den Wunsch nach Heilung ersetzen. Ebenso müssen wir eingefahrene Reaktionsmuster wie Ärger, Angriff und das Gefühl individueller Besonderheit fallenlassen, die uns von anderen trennen. Dieses Getrenntsein ist die Krankheit, unter der wir leiden.

Im Kurs wird betont, daß Heilung nicht für uns allein sein kann, weil wir in Wirklichkeit nicht allein und getrennt sind. Wir müssen einander helfen; daher sind Beziehungen der Angelpunkt der Heilung. Im Kurs heißt es, »daß du in deinem Bruder nur dich selber siehst«. Der Wunsch nach einem besseren Weg wird daher zur Triebkraft sowohl für unsere als auch die Heilung anderer.

Wenn wir anderen helfen und ihnen Heilung bringen, werden auch wir geheilt. Das Ergebnis ist eine Beziehung, die zu einem »Tempel der Heilung« geworden ist, in dem die Heilung als Unternehmen erkannt wird, das auf Zusammenarbeit beruht und zur Einsicht in die uns allen zugrundeliegende Einheit führt.

Deine Funktion in dieser Welt ist Heilen.

Die Entscheidung, zu heilen

Die Entscheidung,
zu heilen und geheilt zu werden,
ist der erste Schritt zur Einsicht in das,
was du wahrhaft willst.
Jeder Angriff ist ein Schritt,
der davon wegführt,
jeder Heilungsgedanke
bringt es näher.

Geheilt sein heißt,
ein einziges Ziel zu verfolgen,
weil du nur eines akzeptiert hast
und nur eines willst.

Nichts ist, getrennt von deinen Wünschen,
schädlich oder wohltätig.
Es ist dein Wunsch,
der es zu dem macht,
was es in seiner Wirkung auf dich ist.

Es gibt kein Wunder,
welches du nicht haben kannst,
wenn du nach Heilung verlangst.
Es gibt jedoch kein Wunder,
das dir gegeben werden könnte,
wenn du es nicht willst.

Deine Funktion auf Erden
ist Heilung.

Solange du glaubst,
andere Funktionen zu haben,
so lange wirst du
der Berichtigung bedürfen.
Denn dieser Glaube ist
die Zerstörung des Friedens.

Heilung wird immer beiseite treten,
falls sie als Bedrohung gesehen wird.
In dem Augenblick, in dem sie
willkommen ist, ist sie da.
Wo Heilung gegeben wurde,
wird sie empfangen werden.

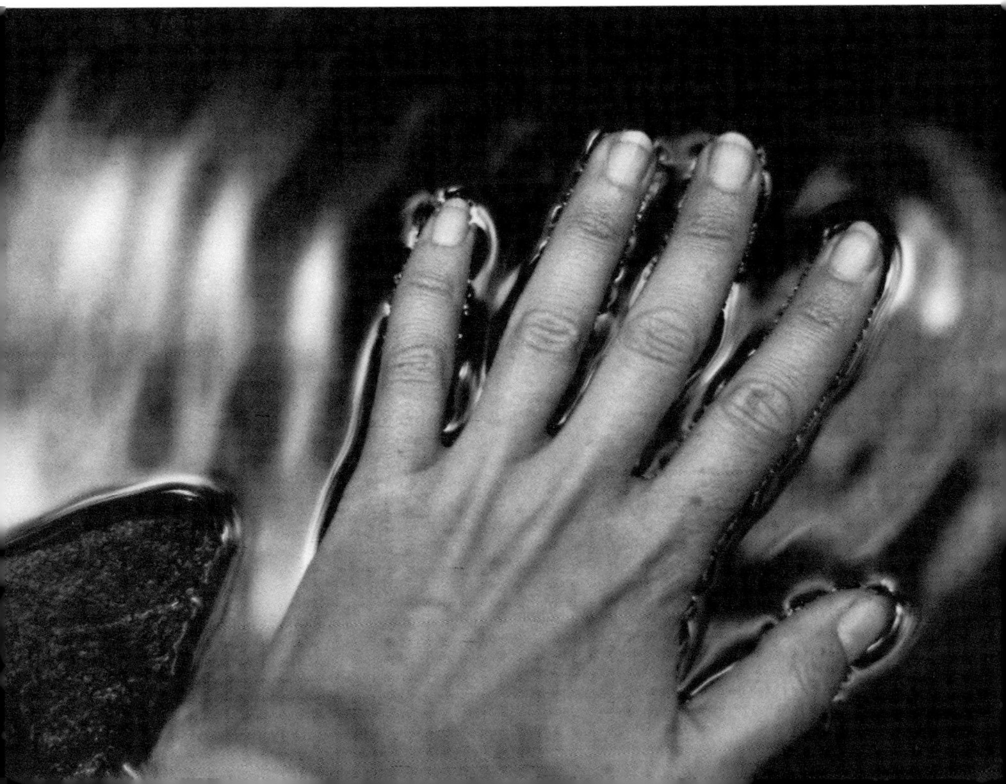

Du bist,
gemeinsam mit deinem Bruder,
zur heiligsten Funktion berufen worden,
die diese Welt enthält.
Sie ist die einzige,
die ohne Grenzen ist und
die mit Heilung und
mit einigendem Trost
bis zu jedem zerbrochenen Fragment
der SOHNSCHAFT reicht.
Das wird dir angeboten in deiner
heiligen Beziehung.
Nimm es hier an, und
dann wirst du so geben,
wie du angenommen hast.

Mag es genügen,
daß du Arbeit zu verrichten hast,
um deine Rolle zu spielen.
Das Ende muß für dich verschleiert bleiben,
bis dein Teil getan ist.
Es ist nicht von Belang.
Denn nach wie vor ist dein Teil das,
wovon alles übrige abhängt.

Die Bedingungen für die Heilung

Heilung ist die Wirkung von Geistern,
die sich verbinden,
wie Krankheit von Geistern,
die sich trennen, kommt.

Wenn du nicht gewillt bist, einen Hilferuf
als das wahrzunehmen, was er ist,
dann deshalb, weil du nicht gewillt bist,
Hilfe zu gewähren und
zu empfangen.
Einen Hilferuf nicht zu erkennen heißt,
die Hilfe zu verweigern.
Möchtest du behaupten,
daß du sie nicht brauchst?
Das aber behauptest du,
wenn du es ablehnst,
die Bitte eines Bruders zu erkennen,
denn nur indem du auf seine Bitte eingehst,
kann dir geholfen werden.

So, wie du die Bedürfnisse deines Bruders deutest,
deutest du auch deine.
Indem du Hilfe gibst,
bittest du darum.

Es mag jemandem helfen,
ihn darauf hinzuweisen, worauf er zugeht,
doch das ist sinnlos,
wenn ihm nicht auch geholfen wird,
seine Richtung zu ändern.
Der ungeheilte Heiler kann das nicht für ihn tun,
da er es für sich selbst nicht tun kann.
Der einzige Beitrag von Bedeutung,
den der Heiler leisten kann,
besteht darin, ein Beispiel abzugeben von einem,
dessen Richtung *für* ihn geändert worden ist
und der nicht mehr an Alpträume
irgendwelcher Art glaubt.

Die Heilung nimmt nichts im Heiler wahr,
was nicht jeder andere
mit ihm teilt.

Heilung sieht keinerlei Besonderheit.
Sie kommt nicht von Mitleid,
sondern von der Liebe.

Es gibt dort keine Traurigkeit,
wo ein Wunder hingekommen ist,
um zu heilen.
Und nichts mehr als nur
ein Augenblick deiner Liebe ohne Angriff
ist vonnöten,
damit all dies geschehe.
In jenem einen Augenblick bist du geheilt,
und in jenem einen Augenblick
ist alle Heilung geschehen.

Heilung spiegelt unseren gemeinsamen Willen.
Das ist offensichtlich, wenn du bedenkst,
wozu die Heilung dient.
Heilung ist die Art und Weise,
wie Trennung überwunden wird.

Du hast gelernt,
daß du Heilung brauchst.
Möchtest du der SOHNSCHAFT irgend etwas anderes bringen,
wenn du dein Bedürfnis nach Heilung
für dich selbst begreifst?

Nimm das Wunder der Heilung an,
und es wird aufgrund dessen, was es ist,
hinausgehen.
Es entspricht seinem Wesen,
sich in dem Augenblick auszudehnen,
in dem es geboren wird.
Und es wird in dem Augenblick geboren,
in dem es angeboten und empfangen wird.
Niemand kann einen anderen darum bitten,
geheilt zu werden.
Aber er kann *sich* heilen lassen und
so dem andern das anbieten,
was er empfangen hat.
Wer kann dem andern etwas schenken,
was er nicht hat?
Und wer kann teilen,
was er sich selbst verweigert?

Wenn du nur wünschst, geheilt zu werden,
dann heilst du.
Dein ungeteilter Zweck macht dies möglich.
Doch wenn du Angst vor Heilung hast,
kann sie nicht durch dich kommen.
Das einzige, was für eine Heilung erforderlich ist,
ist das Fehlen von Angst.
Die Angstvollen werden nicht geheilt und
können nicht heilen.
Das heißt nicht, daß zum Heilen
der Konflikt für immer deinen Geist verlassen haben muß.
Hätte er es,
so würde Heilung nicht gebraucht.
Vielmehr bedeutet es, daß du
– wenn auch nur einen Augenblick –
liebst, ohne anzugreifen.
Ein Augenblick reicht aus.
Wunder harren nicht der Zeit.

Die einzige Art und Weise
zu heilen
ist die, geheilt zu werden.

Diejenigen,
die geheilt sind,
werden zu den Werkzeugen der Heilung.

Einander heilen

Heilung beruht auf Zusammenarbeit.

Es ist unmöglich,
daß irgend jemand
allein geheilt wird.
In der Krankheit muß er getrennt und separat sein.
Heilung jedoch ist seine eigene Entscheidung,
wieder eins zu sein und
sein SELBST zu akzeptieren.

Werde deinen Brüdern gerecht,
sonst wirst du dir selbst nicht gerecht.
Betrachte sie mit Liebe,
damit sie erkennen mögen, daß sie Teil von dir sind,
und du von ihnen.

Von dir kann ihre Ruhe kommen.
Aus dir kann eine Welt erstehen,
auf die zu schauen sie frohlocken werden und
wo sie frohen Herzens sind.
In dir ist eine Schau,
die sich zu ihnen allen ausdehnt und
sie mit Sanftmut und
mit Licht bedeckt.

Vielleicht wirst du sie weder alle
wiedererkennen noch bemerken,
wie groß dein Anerbieten an die ganze Welt ist,
wenn du die Heilung zu dir kommen läßt.

Laß zu, daß du geheilt wirst,
damit du versöhnlich sein und
deinem Bruder und dir selber
die Erlösung schenken mögest.

Deine Heilung erspart sowohl ihm
wie dir Schmerz,
und du bist geheilt,
weil du ihm wohlgewollt hast.

Deine Heilung ist Zeugnis
für die seine und kann von der seinen
keineswegs getrennt sein.

Verbring nur einen Augenblick
im freudigen Annehmen dessen,
was dir gegeben ist,
um es deinem Bruder zu geben,
und lerne mit ihm,
was euch beiden gegeben wurde.

Und du wirst verstehen,
daß seine Sicherheit die deine ist
und daß mit seiner Heilung
auch du geheilt wirst.

Verhält ein Bruder sich wahnsinnig,
so kannst du ihn nur dadurch heilen,
daß du die geistige Gesundheit in ihm wahrnimmst.

Es ist dir gegeben,
ihm durch deine Heilung zu zeigen,
daß seine Schuld nur ein
sinnloses Traumgespinst ist.

Du bist am Ende einer uralten Reise angelangt
und merkst noch nicht,
daß sie vorüber ist.
Noch bist du müde und erschöpft, der Wüstenstaub
scheint noch deine Augen zu umwölken
und dich blind zu machen.
Doch ER, DEN du willkommen hießest,
ist zu dir gekommen und
möchte dich willkommen heißen.
Er hat lange darauf gewartet,
dir dies zu geben.

Empfange es nun von IHM,
denn ER möchte,
daß du IHN erkennst.
Nur eine kleine Staubwand
steht noch zwischen dir und deinem Bruder.
Hauche sie leicht an mit einem frohen Lachen,
und sie fällt weg.
Und gehe in den Garten ein,
den die Liebe für euch beide
vorbereitet hat.

Betrachte deinen Bruder wie dich selbst.
Eure Beziehung ist jetzt ein Tempel der Heilung,
ein Ort, an den die Müden alle kommen können,
um auszuruhen.

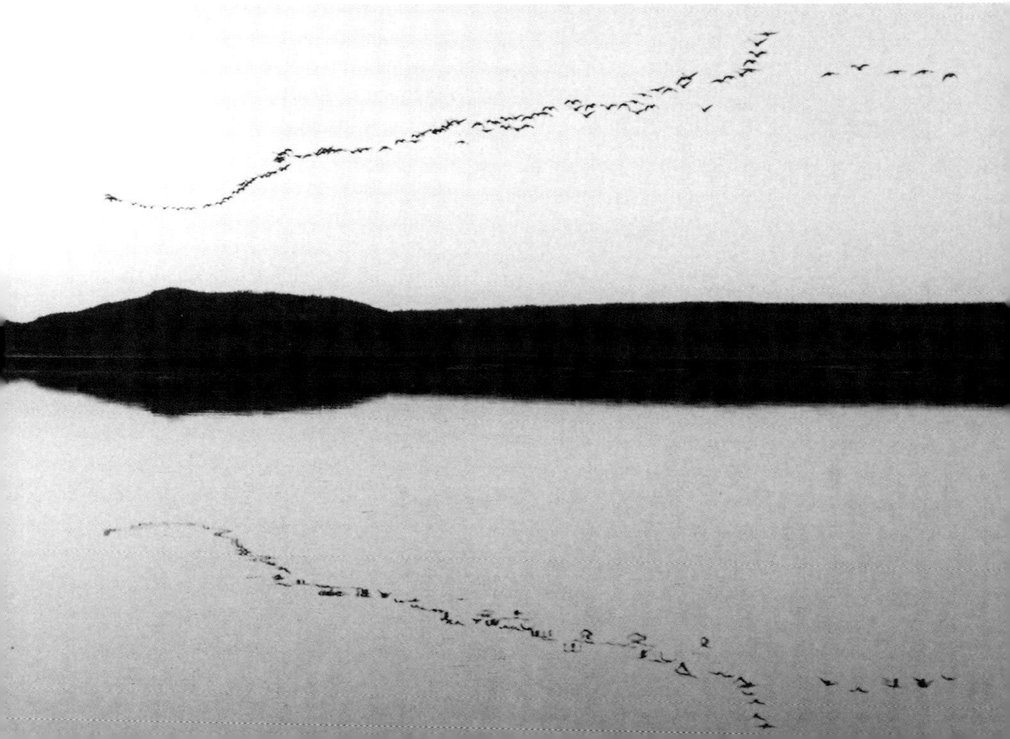

Benutze keine Beziehung dazu,
dich in der Vergangenheit festzuhalten,
sondern werde mit jeder
täglich von neuem geboren.
Eine Minute, sogar weniger, reicht aus,
um dich von der Vergangenheit zu befreien.

Laß uns gemeinsam dem Wege folgen,
den uns die Wahrheit weist.
Und laß uns die Anführer sein
für unsere vielen Brüder,
die den Weg suchen,
ihn jedoch nicht finden.

Wir gehen über den Schleier der Angst hinaus und
leuchten gegenseitig uns den Weg.
Die Heiligkeit, die uns geleitet,
ist ebenso in uns
wie unser Heim.

2
Der Traum von Krankheit

In unserem kollektiven Traum glauben wir, von Gott *und voneinander getrennt zu sein. Die Begrenzungen des Körpers, Krankheiten, Leiden und Tod erscheinen erschreckend wirklich und unentrinnbar. Wir sind offenbar hilflose Opfer des Körpers und der Welt, die einen Augenblick lang flüchtige Freuden genießen, bevor sie uns wieder entrissen werden. Kein Wunder, daß wir in einer solchen Angst leben.*

Diese Angst ist laut Kurs die Ursache und die Wirkung unserer Träume. Sie ist eine Illusion, die auf einer eingebildeten Vergangenheit und Zukunft beruht. Wie alle Illusionen maskiert sie ihre Unwirklichkeit durch die Wahrnehmungsverzerrungen, die sie auslöst. Erst, wenn wir alle Illusionen und Ängste sorgfältig ansehen, erkennen und durchschauen wir ihre Verzerrungen, Unwirklichkeit und völlige Machtlosigkeit. Am Ende wird die Trennung als »eine fehlerhafte Formulierung der Wirklichkeit, ohne jede Wirkung« erkannt. Der Körper wird lediglich als Symbol dessen gesehen, was wir zu sein glaubten, und wir erkennen, daß die wahre Funktion sowohl der Welt als auch des Körpers Heilung ist.

Vergebung ist, was diese Welt dringend braucht, aber nur, weil es eine Welt der Illusionen ist.

Der Schleier der Illusionen

Was sonst ist Heilung
als die Beseitigung all dessen,
was der Erkenntnis im Wege steht?
Und wie sonst sind Illusionen aufzulösen außer dadurch,
daß man sie geradewegs anschaut,
ohne sie zu schützen?
Deshalb fürchte dich nicht,
denn das, was du betrachten wirst,
ist die Quelle der Angst,
und du fängst an zu lernen,
daß Angst nicht wirklich ist.

Alle Illusionen
sind Illusionen der Angst
– und sie können nichts anderes sein.

Keine Illusionen
können den Geist anziehen,
der sie transzendiert und
weit hinter sich gelassen hat.

Wie leicht vergehen Götzen,
wenn sie noch wahrgenommen werden,
aber nicht mehr gewünscht.
Wie willig der Geist sie gehen lassen kann,
wenn er verstanden hat,
daß Götzen nichts sind, nirgendwo
und ohne Zweck.

Vergiß denn nicht,
daß Götzen das versteckt halten müssen,
was du bist,
nicht vor GOTTES GEIST,
sondern vor deinem eigenen.

Es kann keine Rangordnung der Schwierigkeit
in der Heilung geben,
einfach weil alle Krankheit
Illusion ist.

Sei dankbar,
daß es einen Ort *gibt*,
an dem Wahrheit und Schönheit
auf dich warten.
Schreite voran,
um ihnen freudig zu begegnen,
und lerne, wieviel dich
für die einfache Bereitwilligkeit erwartet,
nichts aufzugeben,
weil es nichts ist.

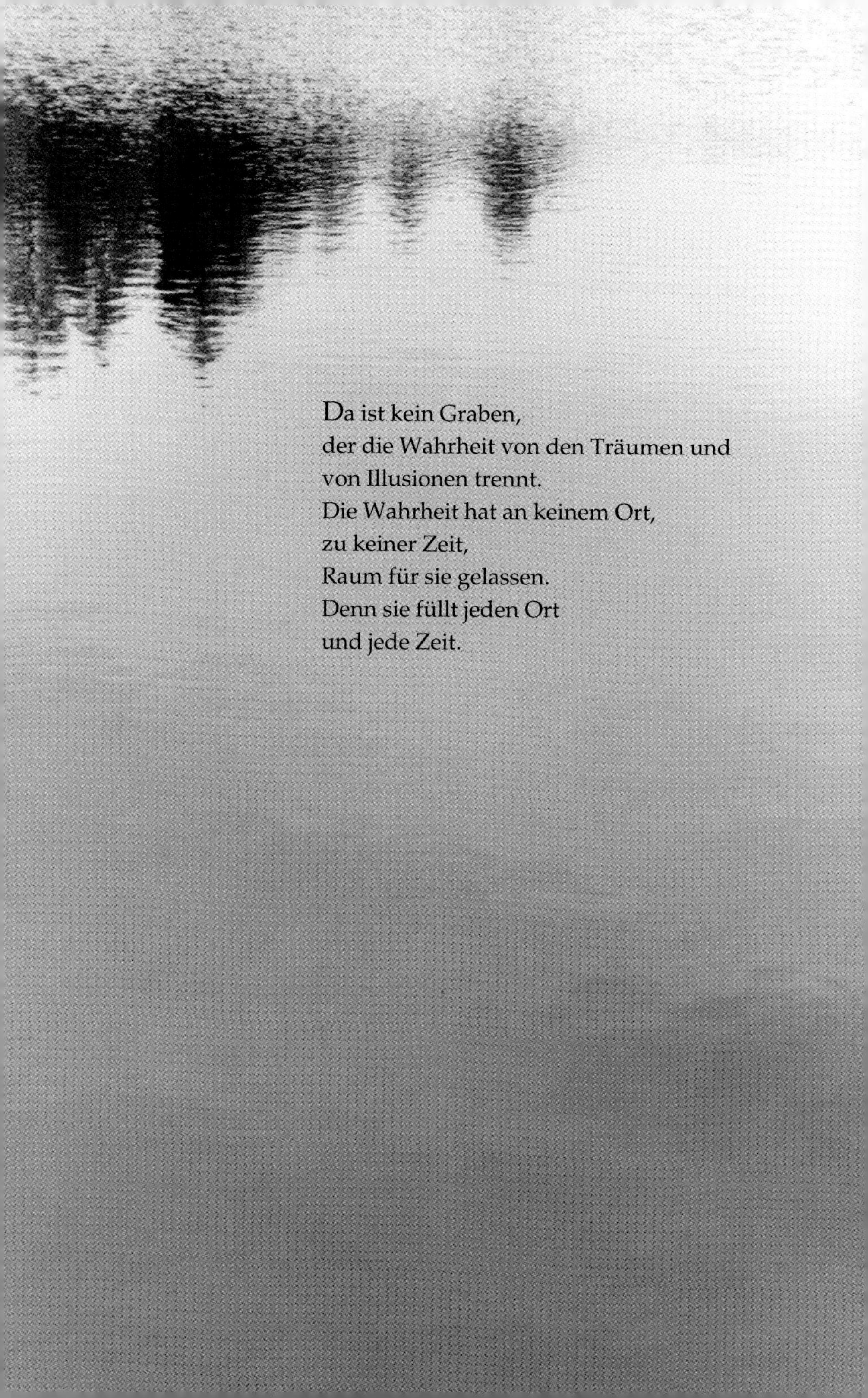

Da ist kein Graben,
der die Wahrheit von den Träumen und
von Illusionen trennt.
Die Wahrheit hat an keinem Ort,
zu keiner Zeit,
Raum für sie gelassen.
Denn sie füllt jeden Ort
und jede Zeit.

Trennung ist Krankheit

Die Welt,
die du wahrnimmst,
ist eine Welt der Trennung.

Die Trennung ist nur
eine fehlerhafte Formulierung der Wirklichkeit,
ohne jede Wirkung.

Trennung ist nicht mehr
als eine Illusion der Verzweiflung.

So lernst du von IHM,
wie du deinen Traum der Trennung durch
die Tatsache der Einheit ersetzen kannst.
Denn die Trennung ist nur die Verleugnung der Einheit
und bezeugt,
richtig gedeutet,
deine ewige Erkenntnis,
daß die Einheit wahr ist.

Ein Kranker nimmt sich als von GOTT getrennt wahr.
Möchtest du ihn als von dir getrennt sehen?
Es ist deine Aufgabe, das Gefühl der Trennung zu heilen,
das ihn krank gemacht hat.
Es ist deine Funktion, für ihn zu begreifen,
daß das, was er über sich selbst glaubt,
nicht die Wahrheit ist.

Es ist deine Vergebung, die ihm dies zeigen muß.
Die Heilung ist ganz einfach.

Krankheit stammt nicht vom Körper,
sondern vom Geist.

Krankheit als eine
Entscheidung des Geistes zu akzeptieren
– für einen Zweck, für den dieser
den Körper benutzen möchte –
ist die Grundlage der Heilung.
Und das gilt für Heilung in allen Formen.
Ein Patient entscheidet sich, daß dies so ist,
und er gesundet.
Wenn er sich gegen die Gesundung entscheidet,
wird er nicht geheilt.
Wer ist der Arzt?
Nur der Geist des Patienten selbst.
Das Ergebnis ist das, wovon er entscheidet,
daß es das Ergebnis sein soll.

Heilung geht mit einem Verständnis dessen einher,
wofür die Illusion der Krankheit da ist.
Heilung ist ohne dies unmöglich.

Du fürchtest dich,
den Willen GOTTES zu erkennen,
weil du glaubst, er sei nicht deiner.
Dieser Glaube ist deine ganze Krankheit und
deine ganze Angst.
Hier entsteht jedes Krankheits- und Angstsymptom,
weil dies der Glaube ist, der macht,
daß du nicht erkennen *willst*.

Und da du das glaubst,
verbirgst du dich in der Dunkelheit und verleugnest,
daß das Licht in dir ist.

Den Frieden anzunehmen
heißt die Illusion leugnen,
und Krankheit *ist* eine Illusion.

Dies ist der Tag, an dem die Heilung zu uns kommt.
Dies ist der Tag, an dem die Trennung endet,
und wir erinnern uns, WER wir wirklich sind.

Die Begrenzungen des Körpers

Der Körper
ist das Symbol dessen,
was du zu sein vermeinst.

Du aber hast aus ihm ein Symbol
für die Begrenzungen gemacht,
von denen du möchtest, daß dein Geist sie haben,
sehen und behalten solle.

Setzt du den Körper zum Angriff ein,
so ist er für dich schädlich.
Nutzt du ihn nur dazu, den Geist jener zu erreichen,
die Körper zu sein glauben,
und sie *durch* den Körper zu lehren,
daß es sich nicht so verhält,
dann wirst du die Macht des Geistes verstehen,
die in dir ist.

Krankheit ist Ärger,
der am Körper ausgelassen wird,
damit er Schmerz erleide.

Du bist nicht krank,
und du kannst nicht sterben.
Aber du kannst dich mit Dingen verwechseln,
die das tun.

»Ich bin kein Körper. Ich bin frei.«
Es ist wesentlich für deinen Fortschritt in diesem Kurs,
daß du den heutigen Gedanken akzeptierst und er dir lieb ist.
Kümmere dich nicht darum,
daß er für das Ego völlig wahnsinnig ist.
Dem Ego ist der Körper teuer, weil es in ihm wohnt
und mit dem Heim, das es gemacht hat, vereint lebt.
Er ist Teil der Illusion,
die es davor geschützt hat,
selbst als illusionär befunden zu werden.

Das Ego verwendet den Körper zum Angriff,
zur Lust und für den Stolz.
Der Wahnsinn dieser Wahrnehmung
macht sie fürwahr angsteinflößend.
Der HEILIGE GEIST sieht den Körper
nur als ein Kommunikationsmittel an,
und weil Kommunizieren Miteinanderteilen ist,
wird es zur Kommunion.

Betrachte Körper ausschließlich als Mittel,
um Geister zu verbinden
und sie mit dem deinen
und dem meinen
zu vereinen.
Diese Deutung des Körpers
wird dein Denken über seinen Wert
völlig verändern.

Im Dienste des Vereinens
wird er zu einer wunderschönen Lektion in Kommunion,
die so lange Wert hat,
bis Kommunion *ist*.

Heilung ergibt sich daraus,
daß der Körper einzig und allein
zur Kommunikation eingesetzt wird.

Einen Körper
als irgend etwas anderes
als ein Mittel zur Kommunikation zu sehen
heißt deinen Geist begrenzen und
dich selbst verletzen.

Du wirst vom Körper nicht begrenzt.
Doch kann der Geist
durch den Körper manifestiert werden,
wenn er über ihn hinausgeht und ihn nicht
als Begrenzung deutet.
Jedesmal, wenn du einen anderen als
vom Körper begrenzt oder auf ihn begrenzt siehst,
erlegst du dir diese Begrenzung selber auf.

Bist du gewillt, das zu akzeptieren,
wenn der ganze Zweck deines Lernens
doch der sein sollte,
Begrenzungen zu entrinnen?

Setze ihn für die Wahrheit ein,
und du wirst ihn wahrheitsgemäß sehen.
Mißbrauche ihn,
und du wirst ihn mißverstehen.

Gesundheit stellt sich ein,
wenn jeder Versuch aufgegeben wird,
den Körper lieblos zu benutzen.

Hilfe und Heilung
sind die normalen Äußerungen eines Geistes,
der *durch* den Körper wirkt, aber nicht *in* ihm.

Der Geist kann den Körper heilen,
der Körper aber nicht den Geist.

Wenn der Körper aufhört, dich anzuziehen,
und du ihm keinen Wert mehr beimißt als einem Mittel,
um irgend etwas zu bekommen,
dann wird es keine Störung
in der Kommunikation mehr geben,
und deine Gedanken werden so frei sein
wie diejenigen GOTTES.

Ich bin kein Körper. Ich bin frei.
Denn ich bin nach wie vor wie GOTT mich schuf.

Die Welt, die du siehst

Dies *ist* eine wahnsinnige Welt,
und unterschätze ja das Ausmaß ihres Wahnsinns nicht.
Es gibt keinen Bereich deiner Wahrnehmung,
den er nicht berührt hat.

Lerne, die Welt als Mittel zu betrachten,
das die Trennung heilt.

Sei geheilt,
damit du heilen mögest.

Deine Heilung wird sich ausdehnen
und zu Problemen gebracht werden,
von denen du dachtest,
daß es nicht deine eigenen sind.

Die Heilung ersetzt das Leiden.
Wer auf das eine schaut,
kann das andere nicht wahrnehmen,
denn sie können nicht beide dasein.
Und was du siehst, dafür wird die Welt Zeuge sein,
und das wird sie bezeugen.
So ist denn deine Heilung alles,
was die Welt braucht,
damit sie geheilt sein möge.

Du willst die Welt nicht.
Das einzig Wertvolle darin sind jene Teile,
die du mit Liebe ansiehst.
Das verleiht ihr die einzige Wirklichkeit,
die sie je haben wird.

Die Auferstehung der Welt
erwartet deine Heilung und dein Glück.

Die Welt wird nun zu einem Ort der Hoffnung,
weil ihr Zweck allein darin besteht,
ein Ort zu sein,
an dem sich Hoffnung auf das Glück erfüllen kann.
Und niemand steht außerhalb dieser Hoffnung,
weil die Welt vereinigt ist im Glauben,
der Zweck der Welt sei einer,
den alle miteinander teilen müssen,
wenn die Hoffnung mehr sein soll
als bloß ein Traum.

Komm zum heiligen Augenblick und sei geheilt,
denn nichts, was dort empfangen wird,
wird dort zurückgelassen
bei deiner Rückkehr in die Welt.
Und da du gesegnet bist, wirst du Segen bringen.
Leben ist dir gegeben, um es
der sterbenden Welt zu geben.

Wenn ich geheilt bin, bin ich nicht allein geheilt.
Ich möchte meine Heilung teilen mit der Welt,
damit Krankheit aus dem Geist
von GOTTES einem SOHN gebannt sein möge,
DER mein einziges SELBST ist.

Heute treffe ich die Wahl,
eine Welt zu sehen,
der vergeben worden ist.

Zeit und Ewigkeit

Heilung ist in der Zeit vonnöten,
denn die Freude kann ihre ewige Herrschaft nicht errichten,
wo der Kummer wohnt.

Nimm in der Zeit
nur die Funktion zu heilen an,
weil die Zeit dafür da ist.

Wenn du deine Funktion in der Welt der Zeit
als eine der Heilung akzeptierst,
so betonst du nur den zeitlichen Aspekt,
in dem Heilung geschehen kann.
Heilung kann nicht in der Vergangenheit geschehen.
Sie muß in der Gegenwart vollbracht werden,
um die Zukunft zu befreien.
Diese Deutung verknüpft die Zukunft mit der Gegenwart
und dehnt die Gegenwart statt der
Vergangenheit aus.

Alte Vorstellungen von der Zeit sind
sehr schwer zu verändern,
weil alles, was du glaubst, in der Zeit verwurzelt
und davon abhängig ist,
daß du diese neuen Vorstellungen von ihr nicht lernst.
Doch gerade deshalb brauchst du
neue Vorstellungen von der Zeit.

Alle Zeit ist nur der verrückte Glaube,
daß das, was vorbei ist,
noch immer hier und jetzt ist.

Der einzige gänzlich wahre Gedanke,
den man in bezug auf die Vergangenheit haben kann,
ist, daß sie nicht da ist.
Überhaupt über sie nachzudenken
ist daher ein Nachdenken über Illusionen.

Alle Heilung
ist eine Befreiung
von der Vergangenheit.

Es gibt keine Phantasie,
die nicht den Traum der Vergeltung
für die Vergangenheit enthielte.
Möchtest du den Traum ausagieren
oder ihn loslassen?

Jeder, der ohne die Vergangenheit gesehen wird,
bringt dich somit dem Ende der Zeit dadurch näher,
daß er eine geheilte und heilende Sicht
in die Dunkelheit bringt
und der Welt das Sehen ermöglicht.

Verzögerung spielt keine Rolle in der Ewigkeit,
doch ist sie tragisch in der Zeit.
Du hast beschlossen,
in der Zeit statt in der Ewigkeit zu sein,
und glaubst daher,
tatsächlich in der Zeit zu *sein*.

Es wird Wahlmöglichkeiten geben,
solange die Zeit in deinem Geist andauert.
Die Zeit selber ist deine Wahl.
Wenn du dich der Ewigkeit entsinnen möchtest,
mußt du nur auf das Ewige schauen.
Zeit und Ewigkeit
können nicht beide wirklich sein,
weil sie einander widersprechen.
Wenn du nur das, was zeitlos ist,
als wirklich akzeptierst, dann fängst du an,
die Ewigkeit zu verstehen und sie dir
zu eigen zu machen.

Die Spiegelungen, die du in der Zeit
in den Spiegel deines Geistes annimmst,
bringen die Ewigkeit nur näher oder
weiter in die Ferne.
Aber die Ewigkeit selbst
liegt jenseits aller Zeit.
Reiche aus der Zeit hinaus
und berühre sie mit Hilfe
ihrer Spiegelung in dir.

Die Verzögerung wird dich jetzt mehr verletzen
als zuvor,
einfach weil du begreifst,
daß es eine Verzögerung *ist*
und daß Entrinnen aus dem Leid
tatsächlich möglich ist.

Neigst du zu Mutlosigkeit,
wenn du daran denkst, wie lange
ein solcher vollständiger Geisteswandel wohl dauern mag,
dann frage dich:
»Wie lange währt ein Augenblick?«

Wie lange währt ein Augenblick?
So lange, wie es dauert,
vollkommene geistige Gesundheit,
vollkommenen Frieden und
vollkommene Liebe für jeden wiederherzustellen.

Die gesamte Berichtigung zu vollziehen
nimmt überhaupt keine Zeit in Anspruch.
Doch zu akzeptieren, daß sie vollzogen ist,
kann scheinbar ewig dauern.

Jetzt ist die Befreiung von der Zeit.

Das einzige Intervall,
in dem ich von der Zeit erlöst sein kann,
ist jetzt.
Denn in diesem Augenblick kommt die Vergebung,
um mich zu befreien.

Zukünftiger Verlust ist nicht, was du fürchtest.
Doch gegenwärtige Verbindung ist das,
wovor du große Angst hast.
Wer kann Trostlosigkeit empfinden,
außer jetzt?
Eine zukünftige Ursache
hat jetzt noch keine Wirkung.
Und deshalb muß es sein,

daß es eine gegenwärtige Ursache gibt,
wenn du Angst hast.
Und *das* ist, was der Berichtigung bedarf,
nicht ein zukünftiger Zustand.

Von dir wird nur verlangt, die Zukunft loszulassen
und sie in GOTTES HAND zu legen.
Und die Erfahrung wird dir zeigen,
daß du die Vergangenheit und die Gegenwart
ebenfalls in SEINE HAND gelegt hast,
weil die Vergangenheit dich nicht mehr strafen
und zukünftiger Schrecken
jetzt bedeutungslos sein wird.
Befreie die Zukunft.
Denn die Vergangenheit ist vergangen,
und das, was gegenwärtig ist, wird,
befreit von ihrer Hinterlassenschaft aus Gram und Elend,
aus Verlust und Schmerz,
zu jenem Augenblick, in dem die Zeit
der Knechtschaft der Illusionen entrinnt,
in denen sie gnadenlos und unvermeidlich ihren Lauf nimmt.
Dann wird ein jeder Augenblick,
der der Zeit ein Sklave war,
in einen heiligen Augenblick verwandelt,
in dem das Licht, das im SOHN GOTTES
versteckt gehalten worden war,
befreit wird, um die Welt zu segnen.
Jetzt ist er frei,
und seine ganze Herrlichkeit leuchtet auf eine Welt,
die mit ihm befreit ist,
um seine Heiligkeit mit ihm zu teilen.

Leg also deine Zukunft in GOTTES HAND.
Denn dadurch rufst du die Erinnerung an IHN an,
wiederzukehren und alle deine Gedanken
an Sünde und an Böses
durch die Wahrheit der Liebe zu ersetzen.
Glaubst du, die Welt könnte dadurch nicht gewinnen
und jedes Lebewesen
mit einer geheilten Wahrnehmung darauf reagieren?
Wer sich GOTT anvertraut,
hat auch die Welt in SEINE HAND gelegt,
an die er sich um Trost und Sicherheit gewendet hat.
Er legt die kranken Illusionen der Welt
mit den seinigen zugleich weg und bietet beiden
Frieden an.

Ich lege die Zukunft in GOTTES HAND.

Von der Angst zum Glauben

Heilen ist eine Weise,
das Gefühl der Gefahr zu vergessen,
das das Ego in dir hervorgerufen hat,
indem du seine Existenz
in deinem Bruder
nicht siehst.

Angst ist ein Symptom
deines eigenen tiefen Verlustgefühls.
Wenn du, sobald du sie in anderen wahrnimmst,
lernst, dem Verlust abzuhelfen,
ist die grundlegende Ursache der Angst beseitigt.
Dadurch lehrst du dich selbst,
daß Angst in dir nicht existiert.
Das Mittel, um sie zu beseitigen,
liegt in dir selbst,
und das hast du dadurch aufgezeigt,
daß du es gibst.

Die Angst kann nicht lange
durch Illusionen versteckt gehalten werden,
denn sie ist Teil von ihnen.
Sie wird entrinnen und eine andere Form annehmen,
da sie die Quelle aller Illusionen ist.

Erinnere dich aber daran,
daß der Kurs wiederholt sagt,
sein Ziel sei das Entrinnen aus der Angst.

Auch du wirst,
wenn du SEINE Antwort hörst,
über deine Ängste lachen und sie durch Frieden ersetzen.
Denn die Angst liegt nicht in der Wirklichkeit,
sondern im Geist von Kindern, die die Wirklichkeit
nicht verstehen.
Es ist nur ihr fehlendes Verständnis, was sie erschreckt,
und wenn sie lernen, wahrheitsgemäß zu sehen,
haben sie keine Angst.

Je länger du die Angst anschaust,
um so weniger siehst du sie
und desto klarer wird,
was sie verbirgt.

Du magst also ganz einfach glauben,
daß du Angst hast vor dem Nichts,
tatsächlich aber hast du Angst vor nichts.
In diesem Gewahrsein bist du geheilt.

Der »angsterfüllte Heiler«
ist ein Widerspruch in sich.

Es mag jemand um körperliche Heilung bitten,
weil er Angst vor körperlichem Schaden hat.
Gleichzeitig könnte
– würde er körperlich geheilt –
die Bedrohung für sein Denksystem
ihm wesentlich mehr Angst machen

als dessen körperlicher Ausdruck.
In diesem Fall bittet er nicht wirklich
um Befreiung von der Angst,
sondern um die Beseitigung eines Symptoms,
das er selbst gewählt hat.
Daher geht es bei dieser Bitte gar nicht um Heilung.

Angst macht nicht froh.
Die Heilung schon.
Angst macht immer Ausnahmen.
Die Heilung nie.
Angst erzeugt Dissoziation, weil sie zu Trennung führt.
Heilung erzeugt immer Harmonie, weil sie
von Integration ausgeht.

Schenk deinem Bruder Glauben,
denn Glaube, Hoffnung und Barmherzigkeit
sind dein, damit du sie verschenkest.
In die Hände,
die geben,
wird die Gabe gegeben.

Durch den Glauben
schenkst du die Gabe
der Befreiung von der Vergangenheit,
die du empfangen hast.

Glauben haben heißt heilen.

Alle Angst ist vergangen,
weil ihre Quelle vergangen ist
und all ihre Gedanken mit ihr vergangen sind.
Die Liebe bleibt der einzige gegenwärtige Zustand.

Du wirst begreifen, daß es nichts gibt,
was der Glaube nicht vergeben kann.
Kein Irrtum behindert seine ruhige Sicht.

3
Die Ursachen des Traums

Im Kurs heißt es, unser Traum sei ein Traum des Angriffs und der Rache. Wir greifen uns selbst und einander wegen unserer eingebildeten Sünden an, während unser Selbst *in der Wirklichkeit von solchen Illusionen unberührt bleibt. Weil wir jedoch den Traum für wirklich halten, scheinen seine Wirkungen ebenfalls wirklich zu sein. Unsere eingebildeten Angriffe erzeugen Angst, Schuld und Ärger, die weitere Angriffe zu rechtfertigen scheinen. Damit ist ein Teufelskreis in Gang gekommen, und der Traum setzt sich immer weiter fort.*

Nur wenn wir anderen Geistes werden, in dem sowohl die Ursache als auch die Heilung des Traumes liegt, können wir auf das Erwachen hoffen. Es liegt an uns, unsere Wahrnehmung von der Konzentration auf unsere eigenen und die Fehler anderer abzuwenden und um die Sicht unserer innewohnenden Liebe und Unschuld zu bitten, die unsere Wahrheit darstellen. In dem Maße, in dem wir dies tun, wird uns klar, daß Ärger, Angriff und Schuld nicht gerechtfertigt sind; und so wird schließlich unser Rachetraum als die Illusion gesehen, die er ist.

Du bist der Träumer
der Welt der Träume.

Angriff und Schuldzuweisung

Es gibt nichts, was dich daran hindern könnte,
alle Hilferufe als genau das zu begreifen,
was sie sind,
außer deinem eigenen eingebildeten Bedürfnis, anzugreifen.
Nur das macht dich gewillt,
dich auf endlose »Kämpfe« mit der Wirklichkeit einzulassen,
in denen du die Wirklichkeit
des Bedürfnisses nach Heilung verleugnest,
indem du es unwirklich machst.
Das würdest du nicht tun, wärst du nicht unwillens,
die Wirklichkeit so zu akzeptieren,
wie sie ist.

Doch genau dann,
wenn das Urteilen aufhört,
findet Heilung statt.

Wir sind der geistigen Gesundheit zurückerstattet,
in welcher wir verstehen,
daß Ärger wahnsinnig,
Angriff verrückt ist
und Rache nichts als törichte Phantasie.

Die Antwort der Heiligkeit
auf jede Form von Irrtum
ist immer gleich.

Es gibt keinen Widerspruch in dem,
was die Heiligkeit hervorruft.
Ihre einzige Antwort
ist Heilung.

Sobald man die Schuldzuweisung vom Äußeren abzieht,
besteht eine starke Tendenz,
innen an ihr festzuhalten.
Es ist am Anfang schwierig zu begreifen,
daß das genau dasselbe ist,
denn es gibt keinen Unterschied zwischen innen und außen.

Wenn deine Brüder Teil von dir sind
und du ihnen die Schuld für deinen Entzug zuweist,
dann weist du dir selbst die Schuld zu.
Und du kannst nicht dir die Schuld zuweisen,
ohne ihnen die Schuld zuzuweisen.
Deshalb muß Schuldzuweisung aufgehoben und nicht
anderswo gesehen werden.
Schiebe sie dir selbst zu,
und du kannst dich selber nicht erkennen,
denn nur das Ego weist überhaupt Schuld zu.
Selbstbeschuldigung ist daher eine Identifikation mit dem Ego
und ebenso ein Ego-Abwehrmechanismus,
wie andern die Schuld zuzuweisen.

Komm aber völlig ohne Verurteilung,
sonst glaubst du, daß die Tür verriegelt ist und
daß du nicht hineinkannst.
Die Tür ist nicht verriegelt,
und es ist unmöglich, daß du den Ort nicht betreten kannst,
wo du nach GOTTES WILLEN sein sollst.

Das Entrinnen aus der Schuld

Befreie den Geist von der wahnsinnigen Last der Schuld,
die er so müde trägt,
und Heilung ist vollbracht.

Du bist nur in deiner Schuldlosigkeit ganz,
und nur in deiner Schuldlosigkeit
kannst du glücklich sein.

Schuldlosigkeit ist Unverletzlichkeit.

Solange du dich schuldig fühlst,
hörst du auf die Stimme des Ego.

Wenn du behauptest, du seist schuldig,
die Quelle deiner Schuld aber liege in der Vergangenheit,
dann schaust du nicht nach innen.
Die Vergangenheit ist nicht *in* dir.
Deine wunderlichen Assoziationen zu ihr
sind bedeutungslos in der Gegenwart.
Doch du läßt sie zwischen dir und deinen Brüdern stehen,
zu denen du keine wirklichen Beziehungen findest.

Keine wirkliche Beziehung
kann auf Schuld beruhen.

Wen gibt es, der nicht wünschte,
frei von Schmerz zu sein?

Vielleicht hat er noch nicht gelernt,
wie Schuld gegen Unschuld einzutauschen ist,
und begreift vielleicht noch nicht,
daß ihm nur in diesem Tausch
Freiheit von Schmerz zuteil werden kann.
Doch brauchen jene,
die beim Lernen versagt haben,
Unterweisung und nicht Angriff.

Das Ende der Schuld liegt in deiner Hand, damit
du es gebest. Willst du jetzt nicht aufhören,
in deinem Bruder Schuld zu suchen?

Du erstattest jedem, den du als schuldlos siehst,
die Schuldlosigkeit zurück.

Von jedem, dem du Befreiung aus der Schuld gewährst,
wirst du unweigerlich deine Unschuld lernen.

In der kristallenen Reinheit der Befreiung, die du gibst,
liegt dein augenblickliches Entrinnen aus der Schuld.

Alle Erlösung ist Entrinnen aus der Schuld.

Die Macht der Wahrnehmung

Siehst du denn nicht, daß dein ganzes Elend
von der merkwürdigen Überzeugung herrührt,
daß du machtlos bist?

Ein unberichtigter Irrtum jeglicher Art
täuscht dich bezüglich der Macht,
die in dir ist und
eine Berichtigung vornehmen kann.

Du siehst,
was du erwartest,
und du erwartest,
was du einlädst.
Deine Wahrnehmung ist das Ergebnis deiner Einladung
und kommt zu dir,
wie du nach ihr gesandt hast.

Der Wert, der darin liegt,
wenn du dich im voraus entscheidest,
was nach deinem Wunsch geschehen soll,
ist einfach der,
daß du die Situation als ein Mittel wahrnehmen wirst,
es geschehen zu *lassen*.
Du wirst dir deshalb jede Mühe geben,
über alles hinwegzusehen,
was dem Erreichen deines Ziels
im Wege steht,

und dich auf alles konzentrieren,
was dir dazu verhilft,
es zu erreichen.

Die Wahrnehmung hat eine zentrale Ausrichtung.
Diese ist es, die dem, was du siehst,
Beständigkeit verleiht.
Verändere nur diese zentrale Ausrichtung,
und was du dann erblickst, wird sich entsprechend ändern.
Deine Schau wird jetzt wechseln,
um jene Intention zu unterstützen,
die deine vorherige ersetzt hat.

Es liegt immer noch bei dir zu wählen,
ob du dich mit der Wahrheit oder
der Illusion verbindest.
Doch erinnere dich daran, daß die eine zu wählen
die andere loszulassen heißt.
Diejenige, die du wählst,
wirst du mit Schönheit und mit Wirklichkeit ausstatten,
weil die Wahl davon abhängt,
welche du mehr wertschätzt:
den Funken der Schönheit
oder den Schleier der Häßlichkeit,
die wirkliche Welt
oder die Welt der Schuld und Angst,
Wahrheit oder Illusion,
Freiheit oder Sklaverei.

Die Macht, den GOTTESSOHN zu heilen, ist dir gegeben,
weil er eins sein muß mit dir.
Du *bist* verantwortlich dafür, wie er sich selber sieht.
Und die Vernunft sagt dir, daß es dir gegeben ist,

in nur einem Augenblick seinen ganzen Geist,
der eins mit dir ist, zu verändern.
Und jeder Augenblick dient dazu,
die vollständige Berichtigung seiner Irrtümer zu bringen
und ihn ganz zu machen.
Im gleichen Augenblick, in dem du dich entscheidest,
dich selbst heilen zu lassen,
in ebenjenem Augenblick wird seine ganze Erlösung
als vollständig angesehen,
zusammen mit der deinen.

Das Wunder ist eine Lektion
in totaler Wahrnehmung.

Heilen bedeutet also,
die Wahrnehmung in deinem Bruder und dir selber
dadurch zu berichtigen,
daß du den HEILIGEN GEIST mit ihm teilst.

Bedeutung
in einem chaotischen Denksystem wiederherstellen
ist die Art und Weise,
es zu heilen.

Nur deine Gedanken bescheren dir Angst,
und deine Befreiung hängt von dir ab.

Das, was ich sehe,
spiegelt einen Prozeß in meinem Geist,
der mit meiner Idee dessen beginnt,
was ich will.

Ich kann durch nichts verletzt werden
als durch meine Gedanken.

Wir üben heute, uns dem Licht in uns zu nähern.
Wir nehmen unsere umherschweifenden Gedanken
und bringen sie sanft dorthin zurück,
wo sie sich mit allen Gedanken decken,
die wir mit GOTT teilen.
Wir wollen sie nicht umherschweifen lassen.
Wir lassen das Licht in unserm Geist sie anweisen,
nach Hause zu kommen.

Ich kann beschließen,
alle verletzenden Gedanken zu verändern.
Und heute möchte ich über diese Worte und
über alle Vorbehalte hinausgehen
und zur vollen Akzeptanz der Wahrheit in ihnen
gelangen.

Lernen und Lehren

Der wesentliche Punkt,
den du zu lernen hast, ist,
daß du nicht weißt.

Diejenigen, die sich stets daran erinnern,
daß sie nichts wissen,
und willens geworden sind, alles zu lernen,
werden es lernen.

Prüfungen sind nur Lektionen, die du nicht gelernt hast und
die dir nochmals dargeboten werden, so daß du dort,
wo du vordem eine fehlerhafte Wahl getroffen hattest,
jetzt eine bessere treffen
und so allem Schmerz entrinnen kannst,
den dir das brachte, was du vordem wähltest.

So wird denn Heilen eine Lektion im Verstehen,
und je mehr du dich darin übst,
desto besser wirst du als Lehrer und als Lernender.

Du kannst segnen lernen,
und kannst nicht geben,
was du nicht hast.
Wenn du also Segen gibst,
muß er zuerst zu dir gekommen sein.

Und du mußt ihn auch
als deinen angenommen haben,
denn wie sonst könntest du
ihn verschenken?

Wenn du die Wahrheit verleugnet hast,
welche besseren Zeugen für ihre Wirklichkeit
könntest du dann haben als die,
die durch sie geheilt worden sind?
Aber zähle dich unbedingt zu ihnen,
denn in deiner Bereitwilligkeit,
dich ihnen anzuschließen,
ist deine Heilung vollbracht.

Alle Dinge sind Lektionen,
von denen GOTT möchte, daß ich sie lerne.

Heute lerne ich geben,
wie ich empfange.

Was du gemacht hast,
hat deinen Willen gefangengenommen und
dir einen kranken Geist gegeben,
der geheilt werden muß.
Deine Wachsamkeit dieser Krankheit gegenüber
ist die Art und Weise, sie zu heilen.
Ist dein Geist erst einmal geheilt,
dann strahlt er Gesundheit aus und
lehrt dadurch Heilung.
Das macht dich zu einem Lehrer.

Lehren geschieht auf vielerlei Art,
vor allem durch das Beispiel.
Lehren sollte Heilen sein,
weil es das Miteinanderteilen von Ideen ist.

Wenn ein Lehrer GOTTES bei der Heilung versagt,
liegt es daran, daß er vergessen hat, WER er ist.

Um zu heilen,
wird es deshalb für den Lehrer GOTTES unerläßlich,
alle seine eigenen Fehler berichtigen zu lassen.

Lehre nur Liebe,
weil du nur Liebe bist.

Der Geisteswandel

Jedem steht es frei,
anderen Geistes zu werden,
und all seine Gedanken
ändern sich damit.
Jetzt hat die Quelle der Gedanken gewechselt,
denn anderen Geistes werden bedeutet,
daß du die Quelle aller Gedanken, die du denkst
oder je gedacht hast
oder noch denken wirst,
geändert hast.
Du befreist die Vergangenheit
von dem, was du zuvor gedacht hast.
Du befreist die Zukunft
von allen alten Gedanken der Suche nach dem,
was du nicht finden willst.

Es kann nichts geben,
was ein Geisteswandel nicht beeinflussen kann,
denn alle äußerlichen Dinge sind nur Schatten
einer bereits getroffenen Entscheidung.
Ändere die Entscheidung,
und wie kann ihr Schatten unverändert bleiben?

Krankheit ist vom Geist
und hat mit dem Körper nichts zu tun.
Was »kostet« diese Einsicht?

Sie kostet die ganze Welt, die du siehst,
denn die Welt wird nie wieder so erscheinen,
als beherrsche sie den Geist.
Denn mit dieser Einsicht wird
die Verantwortung dem gegeben, wo sie hingehört,
nicht der Welt, sondern ihm,
der auf die Welt schaut und sie sieht,
wie sie nicht ist.
Er schaut auf das, was er zu sehen wählt.
Nicht mehr und nicht weniger.
Die Welt tut ihm nichts.
Er dachte nur, sie täte es.
Auch tut er der Welt nichts,
weil er sich in dem irrte, was sie ist.
Hierin liegt die Befreiung sowohl
von Schuld als auch von Krankheit,
denn sie sind eins.

Erkenntnis kann in einem Geist voll Illusionen
nicht aufdämmern,
weil Wahrheit und Illusion unvereinbar sind.
Die Wahrheit ist ganz und kann nicht
nur von einem Teil eines Geistes
erkannt werden.

Alle Formen von Krankheit
sind Zeichen dafür,
daß der Geist gespalten ist und keinen
einheitlichen Zweck akzeptiert.

Wenn du dich selbst begrenzt,
sind wir nicht eines Geistes,
und das ist Krankheit.

Das Wunder kehrt leise in den Geist ein,
der einen Augenblick lang innehält
und still ist.
Von dieser stillen Zeit und von dem Geist aus,
den es da in der Stille heilte,
erstreckt es sanft sich hin zu anderen Geistern,
um seine Ruhe mit ihnen zu teilen.
Und sie werden sich darin verbinden,
nichts zu tun,
was seine strahlende Ausdehnung
zurück in jenen GEIST verhindern könnte,
DER verursacht hat, daß jeder Geist ist.
Geboren aus dem Miteinanderteilen,
kann es kein Innehalten geben in der Zeit,
das bewirkt, daß das Wunder aufgehalten wird,
zu allen ruhelosen Geistern hinzueilen und
ihnen die Stille eines Augenblicks zu bringen,
in welchem die Erinnerung an GOTT
zu ihnen wiederkehrt.

Die Macht eines Geistes
kann in einen anderen leuchten,
weil alle Lichter GOTTES
durch den gleichen Funken
entzündet wurden.
Er ist überall,
und er ist ewig.

Dein Geist ist ein so machtvolles Licht,
daß du in den der anderen schauen und ihn erleuchten kannst,
wie ich den deinen erleuchten kann.
Ich will meinen Geist mit dir teilen,
weil wir eines GEISTES sind,

und dieser GEIST ist unser.
Sieh überall nur diesen GEIST,
weil nur dieser überall und in allem ist.
Er ist alles, weil er alle Dinge in sich schließt.
Selig bist du, der nur dies wahrnimmt,
weil du nur das wahrnimmst,
was wahr ist.

Wenn ein Geist nur Licht hat,
erkennt er nur Licht.
Sein eigenes Strahlen leuchtet rings um ihn,
dehnt sich aus bis in die Dunkelheit
anderer Geister und verwandelt sie
in Majestät.

Der Geist, der bereitgemacht wird,
die Gaben GOTTES anzunehmen,
ist dem reinen Geist zurückerstattet und
dehnt seine Freiheit und seine Freude aus.

4
Die Mittel zum Erwachen

Wollen wir aus unserem Traum des Schmerzes und Leidens erwachen, müssen wir zuerst begreifen, daß wir träumen. Erst dann sehen wir, daß wir den Traum gewählt haben. Weil die Träume dieser Welt so angstbesetzt sind, heißt es im Kurs, es falle uns sehr schwer, die Wirklichkeit und das Erwachen ohne Angst zu betrachten. Statt uns also unversehens in die Wirklichkeit zu schleudern, solange wir uns noch davor fürchten, bietet uns der Kurs einen sanften Geisteswandel an, in dem wir nach und nach unsere Angstträume in glückliche Träume und unsere Ärger- und Angriffsträume in Träume der Dankbarkeit und Vergebung verwandeln lassen können.

Diese glücklichen Träume spiegeln die Liebe und Freude unserer Wirklichkeit wider. Der Wechsel der Wahrnehmung aus der Angst zur Liebe ist das Wunder. Es zeigt uns, daß wir die Träumer unserer Träume sind, und weist über alle Träume zum Erwachen.

Beziehungen sind das Hauptmittel für die Heilung, in denen wir, ungeachtet dessen, ob wir auch in einer Therapie sind oder nicht, sowohl Patient und Therapeut, Schüler und Lehrer füreinander sind.

Heilung ist die Befreiung von der Angst vor dem Erwachen und deren Ersetzung durch die Entscheidung, zu erwachen.

Aus dem Traum erwachen

Der Träumer eines Traumes
ist nicht wach,
aber er erkennt nicht,
daß er schläft.
Er sieht die Illusionen seiner selbst
als gesund an oder krank,
als deprimiert oder glücklich.

Was in Träumen getan wird,
ist nicht wirklich getan worden.
Man kann den Träumenden unmöglich davon überzeugen,
daß es sich so verhält,
denn Träume sind *wegen* ihrer Illusion von Wirklichkeit
das, was sie sind.
Nur im Erwachen liegt die volle Befreiung von ihnen,
denn nur dann tritt vollkommen klar zutage,
daß sie gar keine Wirkung auf die Wirklichkeit hatten und
sie nicht verändert haben.

Wenn du aber der Träumer bist,
nimmst du wenigstens das wahr:
daß du den Traum verursacht hast
und auch einen anderen Traum
akzeptieren kannst.
Doch für diese Änderung des Trauminhaltes
muß eingesehen werden, daß du es bist,
der das Träumen träumte, das du nicht magst.

Er ist nur eine Wirkung,
die *du* verursacht hast.

Überhaupt nichts ist geschehen,
außer daß du dich in Schlaf versetzt
und einen Traum geträumt hast,
in dem du dir selbst ein Fremder warst
und nur ein Teil des Traumes eines anderen.
Das Wunder weckt dich nicht, sondern es zeigt dir einfach,
wer der Träumer ist.
Es lehrt dich, daß es eine Wahl der Träume gibt,
solange du noch schläfst, die davon abhängt,
was der Zweck deines Träumens ist.
Hast du den Wunsch nach Träumen der Heilung oder
nach Todesträumen?
Ein Traum ist insofern wie eine Erinnerung,
als er bildlich darstellt,
was du gezeigt bekommen wolltest.

Die Träume, welche die Vergebung
den Geist wahrnehmen läßt,
führen keine andere Form von Schlaf herbei,
so daß der Träumer einen anderen Traum träumt.
Seine glücklichen Träume sind Vorboten dafür,
daß dem Geist die Wahrheit dämmert.
Sie führen aus dem Schlaf
zu einem sanften Erwachen,
so daß Träume vergangen sind.

In Träumen der Vergebung wird von niemandem verlangt,
das Opfer und der Leidende zu sein.
Das sind die glücklichen Träume,
die das Wunder gegen deine eigenen austauscht.

Diese Welt ist voller Wunder.
Sie stehen in leuchtendem Schweigen
neben jedem Traum von Schmerz und Leiden,
von Sünde und von Schuld.
Sie sind des Traums Alternative,
die Wahl, Träumer zu sein,
statt die aktive Rolle bei der Erfindung des Traumes
zu verleugnen.

Wenn du ein Wunder annimmst,
dann fügst du deinen Angsttraum
nicht einem anderen hinzu,
der schon geträumt wird.
Und ohne Unterstützung
wird der Traum
ohne Wirkungen verblassen.
Denn deine Unterstützung ist es,
die ihn stärkt.

Heilung könnte daher
als Gegentraum bezeichnet werden,
der den Traum von Krankheit
im Namen der Wahrheit auslöscht.

Der Geist, der versteht,
daß Krankheit nichts anderes sein kann als ein Traum,
läßt sich nicht von den Formen täuschen,
die der Traum annehmen mag.
Krankheit kann nicht kommen,
wo Schuld abwesend ist,
denn sie ist nur eine andere Form von Schuld.
Die SÜHNE heilt nicht die Kranken,
denn dies ist keine Heilung.

Sie nimmt die Schuld weg, die
die Krankheit möglich macht.
Und dies ist wirklich Heilung.

»Heilmittel« ist ein Wort,
das auf keine Arznei angewendet werden kann,
die die Welt als nützlich akzeptiert.
Was die Welt als therapeutisch wahrnimmt,
ist nur etwas, was den Körper »besser« macht.
Wenn sie versucht, den Geist zu heilen,
dann sieht sie diesen nicht getrennt vom Körper,
in dem der Geist, so denkt sie, existiert.
Ihre Formen der Heilung müssen daher
Illusion durch Illusion ersetzen.
Ein Glaube an die Krankheit nimmt eine andere Form an,
und so betrachtet der Patient sich nunmehr als gesund.

Er ist nicht geheilt.
Er hatte bloß einen Traum, daß er krank war,
und im Traum fand er eine magische Formel,
um sich gesund zu machen.
Er ist jedoch nicht aus dem Traum erwacht,
und deshalb bleibt sein Geist genauso,
wie er vorher war.
Er sah das Licht nicht, das ihn wecken und
den Traum beenden würde.
Welchen Unterschied macht der Inhalt eines Traumes
in Wirklichkeit?
Entweder schläft man,
oder man ist wach.
Dazwischen gibt es nichts.

Du mußt lernen,
was der Preis des Schlafens ist,
und mußt es ablehnen, ihn zu zahlen.
Nur dann wirst du dich entscheiden,
aufzuwachen.

Heilung
ist die Befreiung
von der Angst vor dem Erwachen
und deren Ersetzung
durch die Entscheidung, zu erwachen.

Heilung ist Freiheit.
Denn sie zeigt auf,
daß Träume nicht gegen die Wahrheit
obsiegen werden.

Wer würde seinen Glauben in Träume setzen,
wenn sie erst einmal als das begriffen werden,
was sie sind?
Sich des Träumens bewußt zu sein
ist die wirkliche Funktion der Lehrer GOTTES.
Sie beobachten die Traumfiguren,
wie sie kommen und gehen,
wechseln und sich ändern,
leiden und sterben.
Doch werden sie von dem, was sie da sehen,
nicht getäuscht.
Sie begreifen, daß es nicht wirklicher ist,
eine Traumfigur als krank und getrennt zu erblicken,
als sie als gesund und schön zu betrachten.
Nur die Einheit
ist kein Ding der Träume.
Und es ist diese, die GOTTES Lehrer
als hinter dem Traum befindlich anerkennen,
jenseits allen Scheins und
dennoch mit Sicherheit die ihre.

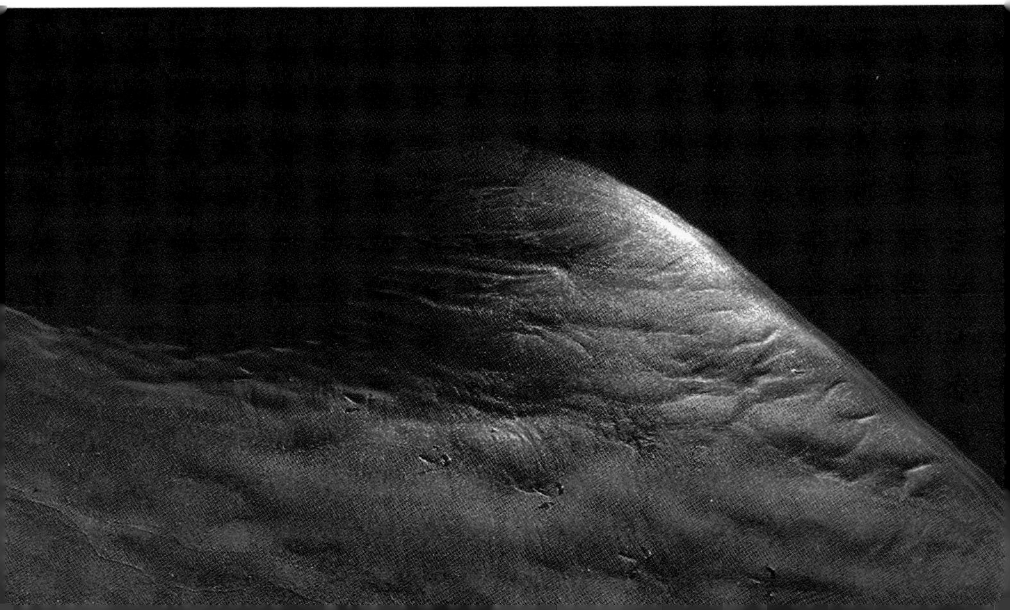

Nach innen schauen

Heilung kommt nicht
von irgend jemand anderem.
Du mußt die Führung
aus deinem Inneren
annehmen.

Niemand kommt hierher,
der nicht noch immer eine Hoffnung hätte,
eine Illusion, die noch verweilt,
oder einen Traum,
es gebe etwas außerhalb von ihm,
das ihm Glück und Frieden bringen werde.
Wenn alles in ihm ist,
kann das nicht sein.

Suche nicht außerhalb von dir.
Denn all dein Schmerz
kommt einfach nur
von einer vergeblichen Suche nach dem, was du willst,
wobei du darauf beharrst, wo es zu finden ist.
Und was, wenn es nicht dort ist?
Möchtest du lieber recht haben
oder glücklich sein?
Sei froh, daß dir gesagt wird, wo das Glück weilt,
und suche nicht mehr anderswo.
Es wird dir mißlingen.

Doch ist es dir gegeben,
die Wahrheit zu erkennen und
sie nicht außerhalb von dir
zu suchen.

Heile
und werde geheilt.
Es gibt keine andere Wahl des Weges,
die je zum Frieden führen kann.

Im Himmel herrscht ein Gefühl des Friedens,
der so tief ist,
daß kein Traum in dieser Welt
je die schwächste Vorstellung davon brachte,
was er ist.

Friede sei mit dir,
dem Heilung angeboten wird.
Und du wirst lernen,
daß Frieden dir gegeben wird,
wenn du die Heilung
für dich selber akzeptierst.
Was in dem Augenblick geschah,
in dem die Liebe ohne Angriff eintrat,
wird für immer bei dir bleiben.
Deine Heilung
wird eine ihrer Wirkungen sein.

Bruder,
der Krieg gegen dich selbst ist fast vorüber.
Die Reise endet an dem Ort des Friedens.
Möchtest du nicht jetzt den Frieden akzeptieren,
der dir hier angeboten wird?

Gesundheit
ist innerer Frieden.

Damit du Frieden hast,
lehre Frieden,
um ihn zu lernen.

Begrenze den Frieden,
den du teilst,
und dein SELBST muß
für dich unerkannt bleiben.

Der Zweck deines Lernens ist, dich zu befähigen,
die Ruhe selber mitzubringen
und Not und Aufruhr zu heilen.
Das geschieht nicht, indem du diese meidest
und einen Hort der Abgeschiedenheit
für dich suchst.

Wir, die wir eins sind,
möchten an diesem Tag
die Wahrheit über uns wiedererkennen.
Wir möchten heimkommen und
in der Einheit ruhen.
Denn dort ist Frieden,
und nirgends sonst kann
der Frieden gesucht und auch gefunden werden.

Wenn der Frieden endlich zu denen kommt,
die mit der Versuchung ringen und dagegen kämpfen,
der Sünde nachzugeben;
wenn das Licht schließlich in den Geist kommt,
der sich der Kontemplation hingibt;
oder wenn das Ziel schließlich
von irgend jemandem erreicht wird –
dann geht es stets
mit nur der einen glücklichen Einsicht einher:
»Ich brauche nichts zu tun.«

Psychotherapie

Psychotherapie
ist die einzige Form der Therapie,
die es gibt.
Da nur der Geist krank sein kann,
kann nur der Geist geheilt werden.
Nur der Geist braucht Heilung.
Dies scheint nicht so zu sein,
denn die Manifestationen dieser Welt
erscheinen fürwahr wirklich.
Psychotherapie ist notwendig,
damit ein Mensch beginnen kann,
ihre Wirklichkeit in Frage zu stellen.
Manchmal ist er in der Lage,
ohne formelle Hilfe anzufangen, seinen Geist zu öffnen,
aber selbst dann
ist es immer irgendeine Veränderung
in seiner Wahrnehmung
zwischenmenschlicher Beziehungen,
die ihm das erlaubt.
Manchmal braucht er eine strukturiertere,
längere Beziehung zu einem »hauptamtlichen« Therapeuten.
In beiden Fällen ist die Aufgabe dieselbe:
Dem Patienten muß geholfen werden,
sein Denken über die »Wirklichkeit« von Illusionen
zu verändern.

Der Zweck der Psychotherapie
ist ganz einfach,
die Blockaden gegenüber der Wahrheit
zu entfernen.

Krankheit jeglicher Art
kann man definieren als Ergebnis dessen,
daß das Selbst als schwach,
verletzlich,
böse und gefährdet angesehen wird
und daher
konstante Abwehr braucht.

Psychotherapie ist ein Prozeß,
der die Auffassung
vom Selbst verändert.

Richtig verstanden
lehrt Psychotherapie Vergebung und
hilft dem Patienten,
sie zu erkennen und
zu akzeptieren.

Ein Therapeut heilt nicht:
Er läßt die Heilung geschehen.

Wer also ist der Therapeut und
wer der Patient?
Letztendlich
ist jeder beides.
Wer Heilung braucht,
muß heilen.

Jeder ist in jeder Beziehung,
die er eingeht,
sowohl Patient
als auch Therapeut.

Vergebung und Dankbarkeit

Vergeben
heißt heilen.

Die Vergebung
entfernt nur das Unwahre,
hebt die Schatten von der Welt
und trägt sie,
in ihrer Sanftheit sicher und geborgen,
zur strahlenden Welt der neuen und
reinen Wahrnehmung.

Vergib alle Gedanken,
die sich der Wahrheit deiner Vervollständigung,
deiner Einheit und deines Friedens
widersetzen.

Was ist Vergebung anderes als eine Bereitwilligkeit,
daß die Wahrheit wahr sei?
Was kann ungeheilt und
aus einer EINHEIT herausgebrochen bleiben,
DIE alle Dinge in SICH SELBST hält?

Alles das,
was zwischen deinem Bild von dir und dem stand,
was du bist,
spült die Vergebung freudig weg.

Verzeihen
ist *immer* gerechtfertigt.
Es hat eine sichere Basis.

Vergebung,
als verdient begriffen,
heilt.

Vergiß heute nicht,
daß es keine Form von Leiden geben kann,
die nicht einen unversöhnlichen Gedanken
verstecken würde.
Noch kann es eine Form von Schmerz geben,
die die Vergebung nicht heilen kann.

Wahre Vergebung muß den Geist heilen,
der gibt,
denn Geben ist Empfangen.

Freue dich,
daß die Vergebung die Macht hat,
deine Sicht vollständig zu heilen.

Ohne die Dunkelheit der Vergangenheit auf deinen Augen
kann dir das Sehen heute nicht mißlingen.
Und was du siehst, wird so willkommen sein,
daß du das Heute gern für immer ausdehnst.

In vollständiger Vergebung
begreifst du,
daß es nichts zu vergeben gibt und
du vollständig freigesprochen bist.

Sei froh fürwahr,
daß die Erlösung so wenig erbittet – nicht so viel.
In Wirklichkeit verlangt sie nichts.
Sogar in Illusionen bittet sie nur darum,
daß Vergebung Angst ersetze.

Die, denen vergeben worden ist,
müssen sich zuerst dem Heilen widmen,
denn da sie die Idee der Heilung empfangen haben,
müssen sie sie weitergeben,
um sie zu behalten.

Du verstehst, daß du geheilt bist,
wenn du Heilung gibst.
Du nimmst Vergebung als in dir vollbracht an,
wenn du vergibst.
Du erkennst deinen Bruder als dich selber wieder,
und so nimmst du wahr, daß du ganz bist.

Vergebung ist eine Wahl.
Ich sehe meinen Bruder nie so, wie er ist,
denn das ist weit jenseits der Wahrnehmung.
Was ich in ihm sehe,
ist lediglich das, was ich zu sehen wünsche,
weil es für das steht, wovon ich möchte,
daß es die Wahrheit sei.
Auf das alleine reagiere ich,
wie sehr ich auch von äußeren Ereignissen
bewegt zu werden scheine.

Schau mit der Bereitwilligkeit auf deinen Bruder,
ihn so zu sehen, wie er ist.
Und schließe keinen Teil von ihm
von deiner Bereitwilligkeit aus, daß er geheilt werden möge.
Heilen heißt ganz machen.
In dem, was ganz ist,
können keine Teile fehlen,
die außerhalb gehalten wurden.
Die Vergebung beruht darauf,
dies zu begreifen.

In deiner Vergebung diesem Fremden gegenüber,
der dir unbekannt und doch dein alter FREUND ist,
liegt seine Befreiung und deine Erlösung,
mit ihm gemeinsam.

Denke nicht,
daß deinem Bruder zu vergeben
nur euch beiden dient.
Denn die ganze neue Welt
ruht in der Hand von jeweils zweien,
die hier eintreten, um zu ruhen.

Heute lernen wir, an Dankbarkeit zu denken statt an Ärger,
an Bosheit und an Rache.
Alles ist uns gegeben worden.
Wenn wir es ablehnen, dies zu begreifen,
haben wir deshalb kein Anrecht auf unsere Bitterkeit
und eine Selbstwahrnehmung,
die uns an einem Ort erbarmungsloser Verfolgung sieht,
wo wir ohne Unterlaß gepeinigt und herumgestoßen werden,
ohne einen Gedanken oder eine Sorge für uns und
unsere Zukunft.
Die Dankbarkeit wird zum alleinigen Gedanken,
den wir an die Stelle
dieser wahnsinnigen Wahrnehmungen setzen.

Beschreite denn in Dankbarkeit
den Weg der Liebe.
Denn der Haß ist vergessen,
wenn wir Vergleiche weglegen.
Was bleibt dann noch als Hindernis zum Frieden?

So wollen wir denn unsere Brüder
ihr müdes Haupt an unsere Schulter lehnen lassen,
während sie eine Weile ruhen.
Wir sagen Dank für sie.
Denn wenn wir sie zu jenem Frieden weisen können,
den wir finden möchten,
dann öffnet sich der Weg uns endlich.

Wenn deine Vergebung
vollständig ist,
wird deine Dankbarkeit
total sein.

Die Vergebung ist das Mittel,
durch das ich meine Unschuld
wiedererkennen werde.

Meine Vergebung ist das Mittel,
durch das die Welt geheilt wird,
mit mir gemeinsam.
Laß mich also der Welt vergeben,
auf daß sie geheilt werde
mit mir gemeinsam.

Wirklichkeit und Wahrheit

Die Wirklichkeit ist hier.
Sie gehört dir
und mir
und GOTT
und stellt uns alle vollkommen zufrieden.
Nur dieses Gewahrsein heilt,
weil es das Gewahrsein
der Wahrheit ist.

Die Wirklichkeit kann nur
in einem unumwölkten Geist aufdämmern.
Sie ist immer da
und kann angenommen werden,
doch sie anzunehmen
hängt von deiner Bereitwilligkeit ab,
sie zu haben.

Was kann denn furchterregend sein
außer Phantasien,
und wer wendet sich denn Phantasien zu,
wenn er nicht die Hoffnung aufgegeben hat,
Befriedigung in der Wirklichkeit zu finden?

Du brauchst die Wirklichkeit,
um deine Ängste zu zerstreuen.
Möchtest du deine Ängste nicht gegen
die Wahrheit eintauschen,

wenn der Austausch dein ist,
sobald du darum bittest?

Erscheinungen täuschen,
doch können sie verändert werden.
Die Wirklichkeit ist unveränderlich.
Sie täuscht überhaupt nicht,
und wenn es dir nicht gelingt,
über Erscheinungen hinauszusehen,
wirst du getäuscht.

Heute gehen wir über Erscheinungen hinaus
und erreichen die Quelle der Heilung.

Erinnere dich,
daß du dich immer
zwischen Wahrheit und Illusion
entscheidest.

Die Heilung muß
die Phantasien von Krankheit ersetzen.

Die Wahrheit kann nicht umhin,
zu heilen und
für immer zu heilen.

Verteidige dich nicht
gegen die Wahrheit.

Laß die Wahrheit das sein,
was sie ist.
Dränge dich nicht in sie ein,
greife sie nicht an,

und unterbrich ihr Kommen nicht.
Laß sie jede Situation umfassen und
dir Frieden bringen.
Nicht einmal Glaube wird von dir verlangt,
denn die Wahrheit verlangt
nichts.
Laß sie ein,
und sie wird den Glauben für dich hervorrufen und sichern,
den du für den Frieden brauchst.

Wenn die Wahrheit gekommen ist,
birgt sie in ihren Flügeln
die Gabe der vollkommenen Konstanz und Liebe,
die nicht wankt
im Angesicht von Schmerz.

Wenn die Wahrheit gekommen ist,
ist aller Schmerz vorbei,
denn es gibt keinen Raum in deinem Geist,
wo flüchtige Gedanken und
tote Ideen verweilen könnten.
Die Wahrheit füllt deinen Geist
vollkommen aus und befreit dich
von jedem Glauben an Vergängliches.
Dafür ist kein Platz mehr,
weil die Wahrheit gekommen ist,
und er ist nirgendwo.
Er kann nicht mehr gefunden werden,
denn Wahrheit ist jetzt überall
und immer.

Heilung wird sich blitzschnell
in deinem offenen Geist verbreiten,
während der Frieden und die Wahrheit
sich erheben,
um den Platz von Krieg
und nichtigen Einbildungen
einzunehmen.

Um an die Wahrheit zu glauben,
brauchst du nichts zu tun.

Wir kümmern uns nur darum,
der Wahrheit
das Willkommen zu entbieten.

Die Wahrheit will dir lediglich
Glück schenken,
denn dergestalt ist ihr Zweck.

Die Wahrheit dessen,
was wir sind,
ist nicht in Worten auszudrücken
oder zu beschreiben.
Doch kann unsere Funktion hier
uns klarwerden,
und Worte können davon sprechen und
sie auch lehren,
wenn wir die Worte in uns
durch das Beispiel belegen.

Lasse dich nicht bezüglich dessen verwirren,
was geheilt werden muß,
sondern sage dir:

Ich habe vergessen,
was ich wirklich bin,
denn ich habe meinen Körper für mich selbst gehalten.

Wir wollen die Bitte an die Wahrheit richten,
zu uns zu kommen und
uns zu befreien.
Und die Wahrheit wird kommen,
denn sie war nie von uns getrennt.
Sie wartet lediglich auf ebendie Einladung,
die wir heute geben.
Wir führen sie mit einem Heilungsgebet ein,
um uns zu helfen,
uns über unsere Abwehrhaltung zu erheben
und die Wahrheit so sein zu lassen,
wie sie immer war:
Krankheit ist eine Abwehr
gegen die Wahrheit.
Ich will die Wahrheit dessen,
was ich bin,
annehmen
und meinen Geist heute ganz und gar
heilen lassen.

Geheilt werden heißt lediglich, das anzunehmen,
was immer die schlichte Wahrheit war und
immer genauso bleiben wird,
wie es seit je gewesen ist.

5
Die Freude der Freiheit

Das Ende der Träume ist das Ende der Angst und des Leidens. Das Erwachen, heißt es im Kurs, bringt Liebe, Licht, Frieden und die Freude der Freiheit. Sogar vor dem endgültigen Erwachen ist es möglich, diesen Zustand zu erahnen. Solche kurzen Einblicke gewähren die Schau und der heilige Augenblick, wie sie im Kurs genannt werden. Ein heiliger Augenblick ist ein Augenblick, in dem wir eine direkte Erfahrung unseres wahren Wesens und der Wirklichkeit machen. Die Schau ist die innere Sicht dieser Wirklichkeit. Im Kurs wird immer wieder gesagt, der heilige Augenblick und die Schau seien sowohl für uns als auch andere außerordentlich heilend, weil die Wirklichkeit heilt. Aber sie bietet mehr als Heilung: Sie erfüllt uns mit Liebe, Frieden und Freude, die unsere kühnsten Hoffnungen übertreffen. Und am Ende haben wir alle Träume überwunden, und das Ende aller Träume besteht darin, daß wir Heilung finden.

Dich selber lieben heißt
dich selber heilen.

Der heilige Augenblick

Der heilige Augenblick
ist dieser Augenblick und
jeder Augenblick.

Der heilige Augenblick währt ewig,
und deine Illusionen von der Zeit
werden das Zeitlose nicht daran hindern,
das zu sein, was es ist,
noch dich, es so zu erleben,
wie es ist.

Was ist der heilige Augenblick anderes
als der Aufruf GOTTES an dich,
wiederzuerkennen,
was ER dir gegeben hat?
Hier ist der große Appell an die Vernunft;
das Gewahrsein dessen,
was immer da ist,
damit es gesehen werden kann;
das Glück,
das immer dein sein könnte.
Hier ist der konstante Frieden,
den du immerdar erfahren könntest.

Der Augenblick der Heiligkeit
wird mit andern geteilt und
kann nicht nur der deine sein.

Denk also daran, wenn du versucht bist,
einen Bruder anzugreifen,
daß sein Augenblick der Befreiung
deiner ist.
Wunder sind die Augenblicke der Befreiung,
die du schenkst und empfangen wirst.

Vergiß nicht,
daß deine Beziehung eins ist,
und so muß alles,
was den Frieden des einen bedroht,
eine ebensolche Bedrohung
für den anderen sein.
Die Macht,
die aus der Verbindung mit ihrem Segen kommt,
liegt in der Tatsache, daß es jetzt
für dich oder deinen Bruder unmöglich ist,
allein Angst zu empfinden oder
zu versuchen, allein mit ihr fertig zu werden.

Glaube nie, daß das notwendig oder gar möglich ist.
Doch ebenso, wie das unmöglich ist,
ist es gleichermaßen unmöglich,
daß der heilige Augenblick
zu einem von euch beiden ohne den anderen kommt.
Er wird zu beiden kommen,
auf die Bitte des einen von beiden.

Derjenige, der im Moment,
in dem die Bedrohung wahrgenommen wird,
vernünftiger ist, sollte sich daran erinnern,
wie tief er beim andern in der Schuld steht und
wieviel Dankbarkeit ihm gebührt,
und sich freuen, daß er seine Schuld begleichen kann,
indem er beiden Glück bringt.
Er möge sich daran erinnern und sagen:
Ich möchte diesen heiligen Augenblick für mich,
auf daß ich ihn mit meinem Bruder teilen möge,
den ich liebe.
Es ist unmöglich,
daß ich ihn haben könnte ohne ihn oder
er ihn ohne mich.
Es ist uns jedoch gänzlich möglich,
ihn jetzt miteinander zu teilen.
So wähle ich denn diesen Augenblick als den,
den ich dem HEILIGEN GEIST anbiete,
damit sich SEIN Segen auf uns senke und uns
beide im Frieden erhalte.

Und möge der heilige Augenblick
dich auf dem Weg anspornen,
wie er es sicher tun wird,
wenn du ihn nur zu dir kommen läßt.

Schau und Ganzheit

Die Schau wird die Wahrnehmung all dessen,
was du siehst, berichtigen.

Alles, was mit der Schau betrachtet wird,
ist geheilt und heilig.

Wenn ich begreife, daß das, was ich sehe,
das widerspiegelt, was ich zu sein vermeine,
dann wird mir klar,
daß die Schau mein größtes Bedürfnis ist.
Die Welt, die ich sehe,
bezeugt die furchterregende Natur des Selbstbildes,
das ich mir gemacht habe.
Wenn ich mich daran erinnern möchte,
wer ich bin, so ist es unerläßlich,
daß ich dieses Selbstbild loslasse.
Wird es durch die Wahrheit ersetzt,
so wird mir die Schau mit Sicherheit gegeben.
Dank dieser Schau werde ich die Welt
und mich selbst mit Barmherzigkeit
und Liebe betrachten.

Die Schau wird anfangs
nur in flüchtigen Blicken zu dir kommen,
doch werden sie genügen,
um dir zu zeigen, was dir gegeben ist,
der du deinen Bruder sündenlos siehst.

Vergiß nicht,
daß die Wahl der Sünde oder Wahrheit,
der Hilflosigkeit oder der Macht
die Wahl ist,
anzugreifen oder zu heilen.
Denn Heilung kommt von Macht
und Angriff von Hilflosigkeit.
Wen du angreifst,
den *kannst* du nicht heilen wollen.
Und der, den du geheilt haben möchtest,
muß der sein, den du ausgewählt hast,
daß er vor Angriff geschützt werde.
Und was ist diese Entscheidung anderes
als die Wahl, ihn entweder mit des Körpers Augen zu sehen
oder ihn dir durch die Schau offenbaren zu lassen?
Wie diese Wahl ihre Wirkungen zeitigt,
das ist nicht dein Problem.
Doch was du sehen willst,
muß deine Wahl sein.

Euren müden Augen
bringe ich die Schau von einer anderen Welt,
so neu und rein und frisch,
daß ihr den Schmerz und Kummer,
die ihr vordem saht,
vergessen werdet.
Doch ist dies eine Schau,
die ihr mit jedem teilen müßt, den ihr erblickt,
denn ansonsten werdet ihr sie nicht erblicken.

Diese Gabe geben ist die Weise,
wie ihr sie euer macht.

Da die Schau geheilt ist,
hat sie die Macht
zu heilen.
Das ist das Licht, das deinen Geistesfrieden
in den Geist anderer bringt,
um ihn zu teilen und um froh zu sein,
daß sie mit dir und mit sich selber
eins sind.
Das ist das Licht,
das heilt.

Alles,
was mit der Schau betrachtet wird,
nimmt sanft seinen Platz ein.

Die Schau stellt die Dinge alle richtig und bringt sie sanft
unter den freundlichen Einfluß
der HIMMLISCHEN Gesetze.

Die Schau ist das Mittel,
durch das der HEILIGE GEIST
deine Alpträume in glückliche Träume,
deine wilden Halluzinationen,
die dir all die furchterregenden Ergebnisse
eingebildeter Sünde zeigen,
in die stillen und beruhigenden Anblicke übersetzt,
durch die ER sie ersetzen möchte.
Diese sanften Anblicke und Klänge
werden glücklich betrachtet
und freudig gehört.

Halluzinationen verschwinden,
wenn sie als das begriffen werden,
was sie sind.
Das ist die Heilung und das Heilmittel.
Glaube nicht an sie, und sie sind fort.
Das einzige, was du tun mußt, ist begreifen,
daß *du* das getan hast.
Wenn du erst einmal
diese einfache Tatsache akzeptiert hast und
die Macht zurücknimmst, die du ihnen gabst,
bist du frei von ihnen.

Du hast die Schau,
jetzt über alle Illusionen
hinauszublicken.

Deine Schau ist zur größten Macht geworden,
die GOTT SELBST geben konnte,
um Illusionen aufzuheben.

Wir wollen
gemeinsam unsere Augen erheben,
nicht in der Angst, sondern im Glauben.
Und es wird keine Angst in uns sein,
denn in unserer Schau wird es keine Illusionen geben,
sondern nur einen Weg zum offenen Tor des HIMMELS,
dem Heim, das wir in Ruhe miteinander teilen,
wo wir gemeinsam als eins
in Sanftmut und in Frieden leben.

Es gibt kein Problem,
kein Ereignis,
keine Situation und
keine Ratlosigkeit,
welche die Schau nicht lösen wird.
Alles ist erlöst,
wenn man es
mit der Schau betrachtet.

Die Schau CHRISTI hat ein Gesetz.
Sie schaut nicht auf einen Körper und hält ihn für den SOHN,
den GOTT erschaffen hat.
Sie sieht ein Licht jenseits des Körpers,
eine Idee jenseits dessen, was man berühren kann,
eine Reinheit, die ungetrübt ist von Irrtümern,
jämmerlichen Fehlern und angstbesetzten Schuldgedanken
aus Sündenträumen.
Sie sieht keine Trennung.
Und sie blickt auf jedermann, auf jeden Umstand,
auf alle Begebenheiten und Ereignisse
ohne das geringste Nachlassen des Lichtes,
das sie sieht.

Das kann gelehrt werden,
und das müssen alle lehren,
die sie erlangen möchten.
Es erfordert nichts als die Einsicht,
daß die Welt nichts geben kann,
was sich an Wert auch nur im entferntesten
damit messen könnte,
noch ein Ziel aufstellen kann,
das nicht einfach vergeht,
wenn dies wahrgenommen worden ist.

Was ist ein Wunder,
wenn nicht diese Erinnerung?

Kind des Friedens,
das Licht *ist* zu dir gekommen.
Das Licht, das du bringst, nimmst du nicht wahr,
und dennoch wirst du dich daran erinnern.
Wer kann sich selbst die Schau verweigern,
die er anderen bringt?

Heilen ist ein Zeichen,
daß du ganz machen willst.

Ich bin entschlossen, zu sehen.

Diejenigen, die du heilst,
legen Zeugnis ab für deine Heilung,
denn in ihrer Ganzheit
siehst du deine eigene.

Geistige Gesundheit
ist Ganzheit,
und die geistige Gesundheit deiner Brüder
ist die deine.

Um etwas von ganzem Herzen zu tun,
mußt du glücklich sein.
Wenn Angst und Liebe
nicht nebeneinander existieren können
und wenn es unmöglich ist,
ganz von Angst erfüllt zu sein und lebendig zu bleiben,
dann ist der einzig mögliche Zustand der Ganzheit
derjenige der Liebe.
Es gibt keinen Unterschied zwischen Liebe und Freude.
Daher ist der einzig mögliche Zustand der Ganzheit
einer der vollkommenen Freude.
Heilen oder froh machen
ist demnach dasselbe wie
integrieren und eins machen.

Unser Geist ist ganz,
weil er eins ist.

Durch Heilung lernst du,
was Ganzheit ist,
und indem du dieses lernst,
lernst du dich an GOTT erinnern.

Vervollständigung liegt zuerst in der Vereinigung
und dann in der Ausdehnung der Vereinigung.

CHRISTUS wartet darauf, daß du IHN als dich
und SEINE GANZHEIT als die deine annimmst.

Die Ganzheit GOTTES,
die SEIN Friede ist,
kann nur von einem ganzen Geist,
der die Ganzheit der Schöpfung GOTTES sieht,
gewürdigt werden.

Jenseits des Körpers,
jenseits der Sonne und der Sterne,
hinter allem, was du siehst,
und doch irgendwie vertraut,
wölbt sich ein Bogen goldenen Lichts, der sich,
während du schaust,
zu einem großen, leuchtenden Kreis ausdehnt.
Und der ganze Kreis füllt sich mit Licht
vor deinen Augen.
Der Rand des Kreises löst sich auf,
und was darin ist,
wird nicht mehr zurückgehalten.
Das Licht breitet sich aus und bedeckt alles,
dehnt sich unendlich aus und leuchtet immerdar,
ohne daß irgendwo eine Grenze oder Unterbrechung wäre.
Darin ist alles in vollkommener Kontinuität verbunden.
Und es ist unvorstellbar,
daß irgend etwas außerhalb sein könnte,
denn es gibt keinen Ort, wo dieses Licht
nicht wäre.

Hier ist die Erinnerung an das,
was du bist: ein Teil davon,
mit allem in dir und so sicher mit allem verbunden,
wie alles in dir verbunden ist.
Nimm die Schau an,
die dir dies zeigen kann.

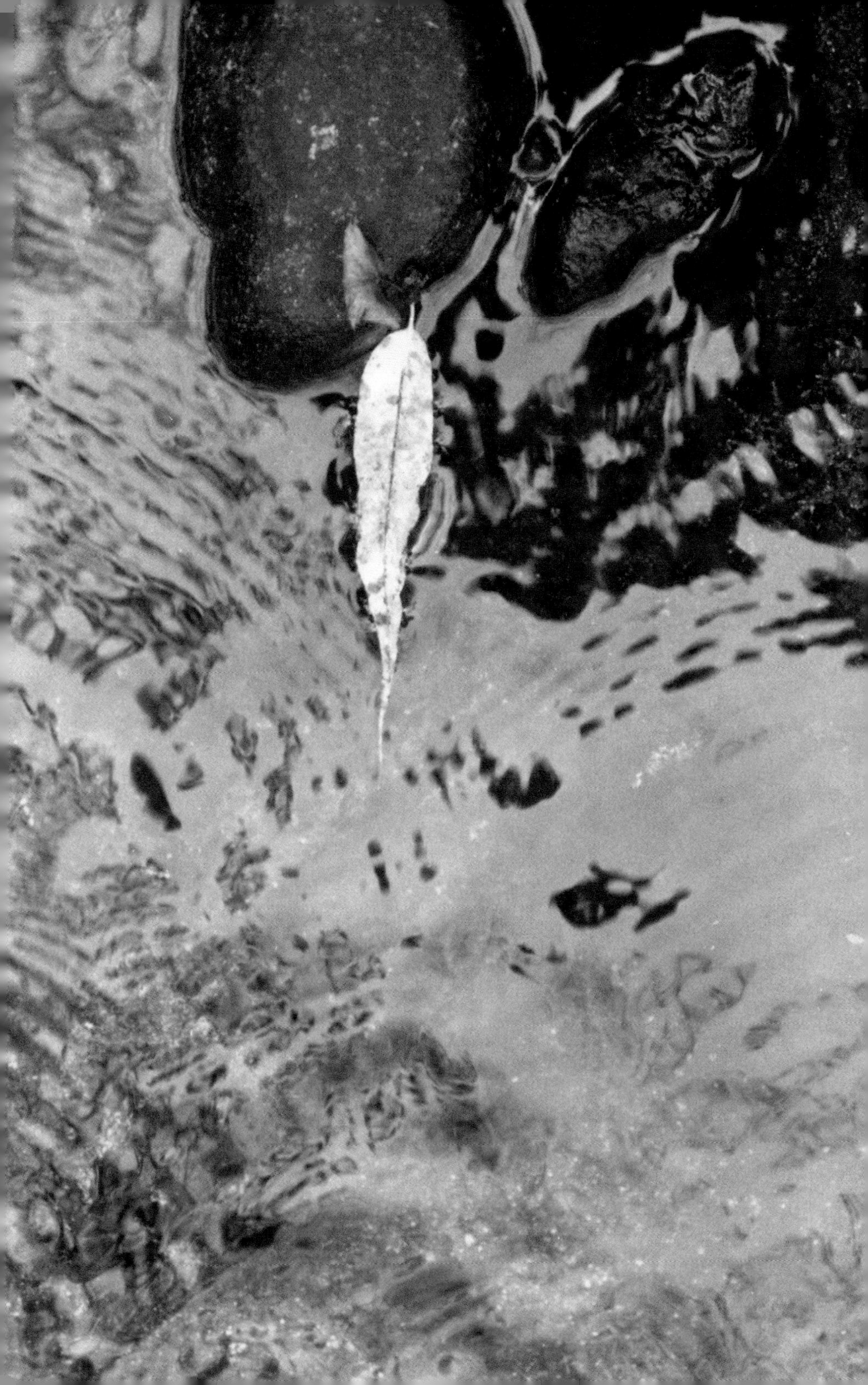

Die SÜHNE
ist nicht der Preis für deine Ganzheit,
aber sie *ist*
der Preis für dein Gewahrsein
deiner Ganzheit.

Die SÜHNE
ist nur der Weg zurück zu dem,
was nie verloren war.

Der Zweck der SÜHNE ist,
Illusionen aufzulösen,
und nicht,
sie als wirklich zu begründen,
um sie dann zu vergeben.

Nimm die SÜHNE an,
und du bist geheilt.

Zwischen Zukunft und Vergangenheit
müssen GOTTES Gesetze treten,
willst du dich befreien.
Die SÜHNE steht zwischen ihnen
wie eine Lampe, die so hell scheint,
daß die Kette der Dunkelheit,
mit welcher du dich selbst gebunden hast,
verschwinden wird.

Du erkennst deine Freude nicht,
weil du deine eigene SELBSTfülle nicht erkennst.
Schließe irgendeinen Teil
des HIMMELREICHS von dir aus,
und du bist nicht ganz.

Ein gespaltener Geist
kann seine Fülle nicht wahrnehmen
und hat es nötig, daß das Wunder seiner Ganzheit
ihm dämmert und ihn heilt.
Das erweckt die Ganzheit in ihm wieder.

Deine SELBSTfülle ist so grenzenlos
wie diejenige GOTTES.
Wie SEINE dehnt SIE sich immer
und in vollkommenem Frieden aus.
IHR Strahlen ist so stark,
daß SIE in vollkommener Freude erschafft,
und nur Ganzes kann aus IHRER Ganzheit
geboren werden.

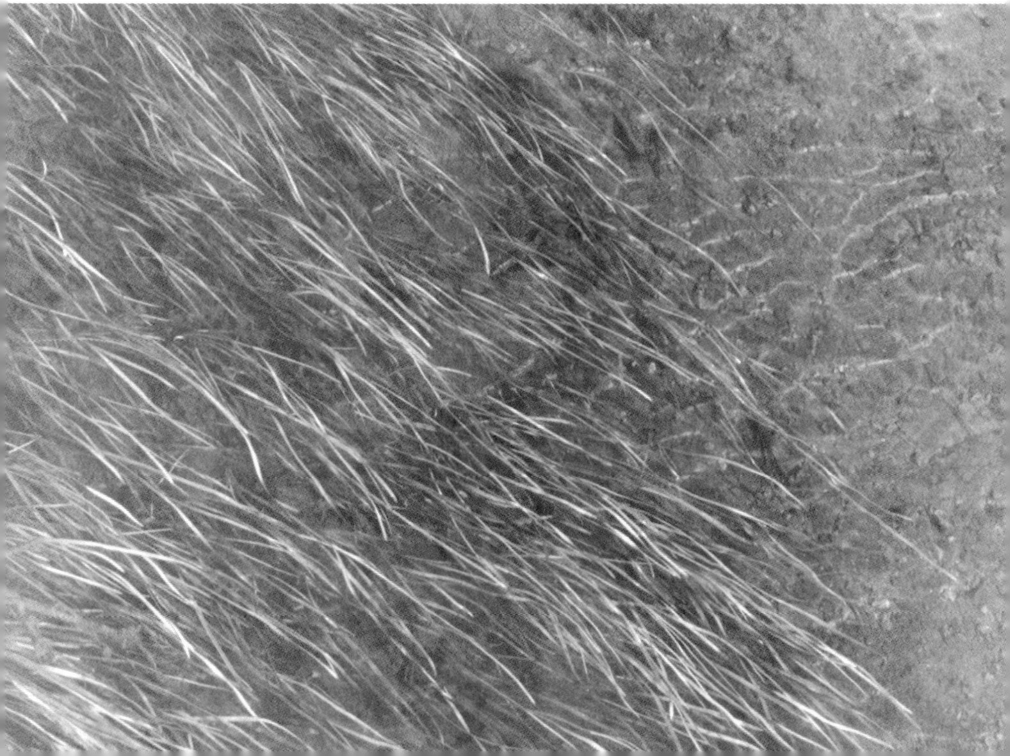

Liebe und Freude

Breite die Vergebung
über deinen Geist aus
und lasse alle Angst
sanft beiseite legen,
damit die Liebe ihren angestammten Platz
in dir finden möge.

Nimm in der Krankheit
nichts als einen weiteren Ruf nach Liebe wahr,
und schenke deinem Bruder,
was er glaubt,
sich selbst nicht schenken zu können.

Wenn du auf die Liebe schauen möchtest,
die die Wirklichkeit der Welt *ist*,
wie könntest du es besser tun,
als hinter jeder Abwehr gegen sie
den zugrundeliegenden Ruf *nach* ihr
wahrzunehmen?
Und wie könntest du besser lernen,
was ihre Wirklichkeit ist,
als dadurch, daß du den Ruf nach ihr beantwortest,
indem du sie gibst?

Verstehen bringt Würdigung,
und Würdigung bringt Liebe.

Schließe niemanden von deiner Liebe aus,
sonst hältst du einen dunklen Ort
in deinem Geist verborgen,
an dem der HEILIGE GEIST nicht willkommen ist.
Und dadurch schließt du dich von SEINER Heilkraft aus,
denn wenn du nicht totale Liebe schenkst,
wirst du nicht vollständig geheilt.

Wenn du nur Liebe willst,
wirst du nichts anderes sehen.

Was in dem Augenblick geschah,
in dem die Liebe ohne Angriff eintrat,
wird für immer bei dir bleiben.
Deine Heilung
wird eine ihrer Wirkungen sein.

Du wirst dich mit dem identifizieren,
von dem du denkst,
daß es dich sicher machen wird.
Was es auch immer sein mag,
du wirst glauben, daß es mit dir eins ist.
Deine Sicherheit liegt in der Wahrheit,
nicht in Lügen.
Die Liebe ist deine Sicherheit.
Die Angst existiert nicht.
Identifiziere dich mit der Liebe,
und du bist sicher.
Identifiziere dich mit der Liebe,
und du bist zu Hause.
Identifiziere dich mit der Liebe,
und finde dein SELBST.

Liebe
ist deine Macht.

Bruder,
wir heilen gemeinsam,
wie wir gemeinsam leben und
gemeinsam lieben.

Heilung ist ein Gedanke,
durch den zwei Geister
ihr Einssein wahrnehmen und
froh werden.

Du bist deshalb traurig,
weil du deine Funktion
als Mitschöpfer neben GOTT
nicht erfüllst und dir deshalb
die Freude selbst entziehst.

Heilen ist glücklich machen.
Ich habe dir gesagt,
du sollest dir überlegen,
wie viele Gelegenheiten, dich froh zu machen,
du gehabt und
wie viele du abgelehnt hast.
Das heißt dasselbe,
wie dir zu sagen,
daß du es abgelehnt hast,
dich zu heilen.

Denk eine Weile über dieses nach:
Die Welt, die du siehst,
tut nichts.

Sie hat überhaupt keine Wirkungen.
Sie stellt nur deine Gedanken dar.
Und sie wird sich völlig verändern,
wenn du beschließt, anderen Geistes zu werden,
und die Freude GOTTES als das wählst,
was du wirklich willst.
Dein SELBST erstrahlt in dieser heiligen Freude,
unverändert,
unveränderlich und
unwandelbar,
auf immer und auf ewig.

Das Licht, das dir gehört,
ist das Licht der Freude.
Strahlen ist nicht mit Kummer verbunden.
Freude ruft eine in ihr liegende Bereitwilligkeit hervor,
sie mit anderen zu teilen,
und fördert den natürlichen Impuls des Geistes,
als eins zu reagieren.
Wer versucht, zu heilen,
ohne selbst ganz froh zu sein,
ruft gleichzeitig verschiedene Arten der Reaktion hervor
und entzieht damit anderen die Freude,
von ganzem Herzen zu reagieren.

Freude ist
ein einheitlicher Sinn und Zweck.

Freude und Friede
sind nicht bloß eitle Träume.
Sie sind dein Recht
um dessentwillen,
was du bist.

Wahrheit ersetzt die Angst
und Freude wird zu dem,
was du an Schmerzes Statt
zu sehen nun erwartest.

Willst du nicht mit Freude
auf den Ruf der Liebe
Antwort geben?

Nur der geheilte Geist
kann die Offenbarung
mit dauerhafter Wirkung erfahren,
weil Offenbarung eine Erfahrung
reiner Freude ist.

Nur Freude mehrt sich ewig,
da Freude und Ewigkeit
unzertrennlich sind.

Wir haben die Freiheit,
unsere Freude anstatt Schmerz zu wählen,
unsere Heiligkeit statt Sünde,
den Frieden GOTTES statt Konflikt und
das Licht des HIMMELS statt der Dunkelheit der Welt.

Das Licht in dir

Es gibt ein Licht,
das diese Welt nicht geben kann.
Du aber kannst es geben,
so wie es dir gegeben wurde.
Und indem du es gibst,
leuchtet es auf,
dich aus der Welt zu rufen und
ihm zu folgen.
Denn dieses Licht wird dich anziehen,
wie es sonst nichts
in dieser Welt vermag.

Bitte um Licht
und lerne,
daß du Licht *bist.*

Setze dich still hin, und
schließe deine Augen.
Das Licht in dir reicht aus.
Es allein hat die Macht,
dir die Gabe des Sehens zu geben.
Schließe die Außenwelt aus, und laß deine Gedanken
zum Frieden in dir eilen.
Sie kennen den Weg.

In leuchtendem Frieden
ist die vollkommene Reinheit,
in der du erschaffen wurdest,
in deinem Innern.
Fürchte dich nicht,
die liebliche Wahrheit in dir
zu schauen.
Sieh durch die Wolke der Schuld,
die deine Schau trübt,
und blicke durch die Dunkelheit
zum heiligen Ort,
an dem du das Licht sehen wirst.

Leuchtende Reinheit,
die gänzlich unberührt von Schuld und
gänzlich voller Liebe ist,
erstrahlt in dir.

Das Licht ist unbegrenzt
und ergießt sich über diese Welt
in ruhiger Freude.

Nur du kannst dir etwas entziehen.
Widersetze dich dieser Einsicht nicht,
denn mit ihr
beginnt wahrhaft das Licht heraufzudämmern.
Denk auch daran,
daß die Verleugnung dieser simplen Tatsache
viele Formen annimmt,
und du mußt lernen, diese zu erkennen und
dich ihnen ausnahmslos standhaft zu widersetzen.
Das ist ein entscheidender Schritt
im Wiedererwachen.

Die Vergangenheit kann keinen Schatten werfen,
um die Gegenwart zu verdunkeln,
es sei denn, *du hast Angst vor Licht.*
Und nur wenn dem so ist,
würdest du dich dazu entscheiden,
die Dunkelheit mitzubringen und
sie dadurch, daß du sie in deinem Geiste festhältst,
als dunkle Wolke zu sehen,
die deine Brüder verhüllt und
ihre Wirklichkeit vor deiner Sicht verbirgt.

Träume verschwinden,
wenn das Licht gekommen ist und
du sehen kannst.

Alleine sind wir alle gering,
aber zusammen leuchten wir
in einer derart starken Helligkeit,
daß keiner sich allein
das je vorstellen kann.

Jeder, den du im Licht siehst,
bringt dir dein Licht näher
ins Bewußtsein.

Sieh deine Brüder in ihrer Freiheit,
und lerne von ihnen,
wie du frei
von der Dunkelheit sein kannst.
Das Licht in dir wird sie erwecken,
und sie werden dich nicht
schlafen lassen.

Die Lampe ist in dir für deinen Bruder angezündet.
Und von den Händen, die sie ihm gegeben haben,
sollst du an der Angst vorbei zur Liebe
hingeleitet werden.

Jede Gelegenheit zu heilen,
die ihm zuteil wird,
ist eine weitere Gelegenheit,
Finsternis durch Licht
und Angst durch Liebe
zu ersetzen.
Wenn er sie ablehnt,
bindet er sich selber an die Finsternis,
weil er nicht beschlossen hat,
seinen Bruder zu befreien und
mit ihm
ins Licht zu treten.

Alle, die du mit dir gebracht hast,
werden auf dich leuchten,
und du wirst dankbar auf sie leuchten,
weil sie dich hierhergebracht haben.
Dein Licht wird sich mit ihrem Licht
in einer Macht verbinden,
die so unwiderstehlich ist,
daß sie die anderen aus dem Dunkel ziehen wird,
wenn du auf sie blickst.

Das Licht in einem
erweckt das Licht in allen.
Und wenn du es in deinem Bruder siehst,
erinnerst du dich in der Tat
für alle.

Das Licht, das sich mit dir
und deinem Bruder verbindet,
leuchtet durch das ganze Universum,
und weil es sich mit dir und ihm verbindet,
macht es dich und ihn
eins mit eurem SCHÖPFER.

Ruhe in GOTT

Wenn du heilst,
erinnerst du dich an die Gesetze GOTTES
und vergißt
die Gesetze des Ego.

Heilen ist also eine Weise,
sich der Erkenntnis dadurch zu nähern,
daß du in Übereinstimmung
mit den Gesetzen GOTTES denkst
und ihre Allgemeingültigkeit begreifst.

Wo zwei sich um der Heilung willen verbunden haben,
da ist GOTT.

Jeder hat das gleiche Recht
auf SEINE Gabe der Heilung,
der Befreiung und
des Friedens.

Niemand kann verlieren,
und alle müssen jedesmal gewinnen,
wenn irgendeine Gabe GOTTES
von irgend jemandem erbeten
und empfangen wurde.

Sei nicht rastlos,
denn du unternimmst
eine stille Reise
zum Frieden GOTTES.

»Ich ruhe in GOTT.«
Vollkommen unverzagt
wird dieser Gedanke dich
durch Stürme und durch Zwietracht,
an Elend und an Schmerz,
an Verlust und Tod vorbei
zur Gewißheit GOTTES tragen.
Da ist kein Leiden, das er nicht heilen könnte.
Da ist kein Problem, das er nicht lösen könnte.
Und keine Erscheinung gibt es,
die sich nicht vor deinen Augen,
der du in GOTT ruhst,
zur Wahrheit wenden würde.

Dies ist der Tag des Friedens.
Du ruhst in GOTT,
und während die Welt durch Sturmwinde des Hasses
zerrissen wird, bleibt deine Ruhe völlig ungestört.
Dein ist der Wahrheit Ruhe.

Und wenn du deine Augen schließt,
versenke dich in Stille.
Laß diese Ruhezeiten
und Atempausen
deinen Geist mit Sicherheit erfüllen,
daß alle seine rasenden Phantasien
nur Fieberträume waren,
die schon vergangen sind.
Laß ihn still sein und dankbar
seine Heilung akzeptieren.
Jetzt, da du in GOTT ruhst,
werden keine fürchterlichen Täume
mehr auftreten.

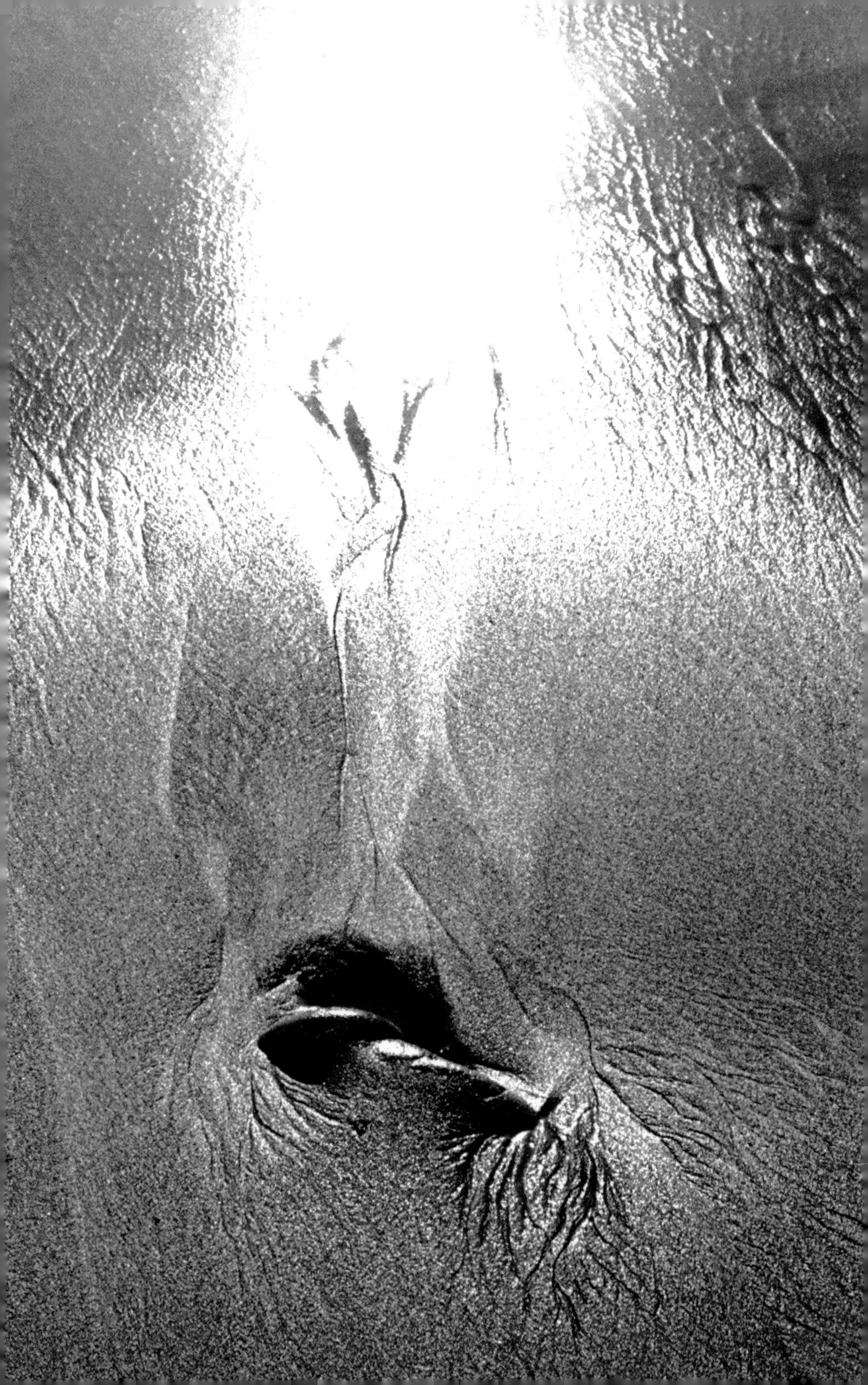

QUELLENANGABEN

Auf den folgenden Seiten finden Sie die Stellenangaben für die zitierten Texte aus *Ein Kurs in Wundern*. Die Zitatangaben sind wie folgt zu lesen, mit jeweils einem Beispiel:

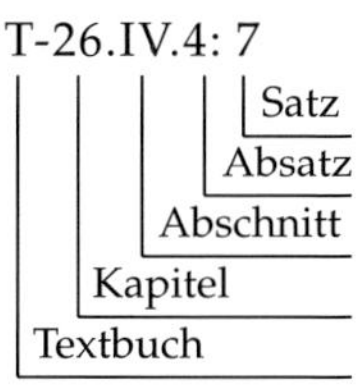

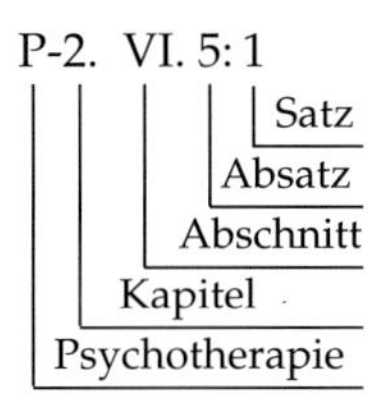

Abkürzungen für *Ein Kurs in Wundern:*

T:	Textbuch	Einl.:	Einleitung
Ü:	Übungsbuch	Wdh.:	Wiederholung (im Übungsbuch)
H:	Handbuch für Lehrer	LL:	Letzte Lektionen (im Übungsbuch)
P:	»Psychotherapie: Zweck, Prozeß und Praxis«	Ep.:	Epilog

Einleitung

Ü-I.188.1:2-4; T-2.III.3:5-6.

1 Der Wunsch nach Heilung

Ü-I.158.10:3; T-19.III.11:3; T-13.IV.1:3. *Die Entscheidung, zu heilen:* T-11.II.1:1-2; T-12.VII.7:11; T-25.IV.2:3-4; T-30.VIII.4:5-6; T-12.VII.4:7; T-12.VII.4:9-10; H-6.2:1-3; T-18.I.13:1-4; Ü-I.169.11:1-4. *Die Bedingungen für die Heilung:* T-28.III.2:6; T-12.I.5:3-6; T-12.I.7:1-2; T-9.V.7:2-4; T-7.V.4:3; T-27.II.7:4-5; T-27.V.4:1-3; T-8.IV.5:1-3; T-11.I.1:1-2; T-27.V.1:3-9; T-27.V.2:5-14; T-27.V.1:1; Ü-I.137.11:1. *Einander heilen:* T-8.IV.4:8; Ü-I.137.3:2-4; Ü-I.139.9:6-7; T-25.IV.3:3-5; Ü-I.137.10:2; T-27.II.4:7; T-27.II.7:3; T-27.II.8:4; T-21.VI.9:7; Ü-I.196.1:4; T-9.III.5:1; T-27.II.6:11; T-18.VIII.13; T-19.III.11:2-3; T-13.X.5:2-3; Ü-LL.Einl.2:5-6; T-20.II.9:4-5.

2 Der Traum von Krankheit

T-13.VIII.3:5; Ü-I.46.1:3. *Der Schleier der Illusionen:* T-11.V.2:1-3; T-16.V.8:5; T-20.VI.9:7; T-30.V.5:2-3; T-30.III.11:8; H-8.5:1; T-16.VI.10:6-7; T-28.V.6:4-6. *Trennung ist Krankheit:* T-12.III.9:1; T-13.VIII.3:5; Ü-II.6.2:1; T-12.I.10.5-6; H-22.6:5-10; T-8.IX.8:6; H-5.II.2:1-7; H-5.1:1-2; T-11.I.10:3-6; T-10.III.7:2; Ü-I.140.12:7-8. *Die Begrenzungen des Körpers:* T-6.V-A.2:2; T-28.VI.3:10; T-8.VII.3:1-2; T-28.VI.5:1; T-10.V.8:3-4; Ü-I.199.Titel, 3:1-2; T-6.V-A.5:3-5; T-8.VII.2:5-6; T-8.VII.3:4; T-8.VII.10:1; T-8.VII.13:3; T-8.VII.14:1, 2-4; T-8.VII.4:6-7; T-8.VIII.9:9; T-8.VII.11:2; T-6.V-A.2:6; T-15.IX.7:1; Ü-I.6.Wdh.Einl.3:5. *Die Welt, die du siehst:* T-14.I.2:6-7;

T-2.III.5:12; T-27.VI.8:5; T-27.V.9:1; T-27.V.6:6-7:1; T-12.VI.3:1-3; T-27.VI.8:1; T-30.V.2:7-8; T-27.V.6:1-3; Ü-I.137.14:3-4; Ü-II.269.1:5. *Zeit und Ewigkeit:* T-13.VII.17:5; T-9.III.8:3; T-13.IV.9:2-5; Ü-I.7:2:1-2; T-26.V.13:4; Ü-I.8.2:1-2; T-13.VIII.1:1; T-16.VII.4:2-3; T-13.VIII.5:4; T-5.VI.1:3-4; T-10.V.14:3-5, 8-9; T-14.X.1:2-4; T-16.VI.8:6; T-15.I.11:1; T-15.I.14:1-2; T-26.VIII.6:1-2; T-13.VI.8:1; Ü-II.308.1:4-5; T-26.VIII.4:3-8; Ü-I.194.4:5-5:4; Ü-I.194.8; Ü-I.194.Titel. *Von der Angst zum Glauben:* T-7.IV.7:7; T-12.I.9:1-4; P-2.IV.7:7-8; T-9.II.1:4; T-11.VIII.14.3-5; T-14.VII.2:8; T-10.III.9:1-2; T-7.V.5:10; T-9.II.2:4-7; T-7.V.6:1-6; T-19.IV-D.17:1-2; T-19.I.9:3; T-19.I.9:1; Ü-II.293.1:1-2; T-19.I.14:4-5.

3 Die Ursachen des Traums

T-27.VII.13:1. *Angriff und Schuldzuweisung:* T-12.I.4:1-3; P-3.II.7:1; Ü-LL.Einl.5:4; T-14.IX.8:1-3; T-11.IV.4:5-6; T-11.IV.5:1-5; T-11.IV.6:2-3. *Das Entrinnen aus der Schuld:* P-2.IV.11:2; T-14.III.2:4; T-14.III.7:1; T-12.VII.14:4; T-13.X.4:1-4; T-13.X.2:2; T-14.V.5:5-7; T-19.IV-B.5:7-8; T-14.V.10:5; T-14.V.7:5; T-15.I.13:7; T-14.III.13:4. *Die Macht der Wahrnehmung:* T-21.VII.1:1; T-21.VI.1:6; T-12.VII.5:1-2; T-17.VI.4:1-2; Ü-I.181.2:1-4; T-17.III.9:1-4; T-21.VI.7:4-8; T-7.IX.7:4; T-7.II.2:1; T-8.IX.9:3; Ü-I.196.7:3; Ü-II.325.1:1; Ü-II.281.Titel; Ü-I.188.9:1-4; Ü-II.284.1:7-8. *Lernen und Lehren:* T-14.XI.1:1; T-14.XI.12:1; T-31.VIII.3:1; T-11.II.2:1; T-14.I.1:3-5; T-11.II.2:2-3; Ü-I.193.Titel; Ü-I.158.Titel; T-6.V-C.9:5-8; T-5.IV.5:1-2; H-22.5:1; H-18.4:1; T-6.I.13:2. *Der Geisteswandel:* Ü-I.132.2:1-4; P-2.IV.2:4-5; H-5.II.3:2-11; T-10.IV.2:5-6; T-8.IX.8:7; T-8.IX.8:5; T-28.I.11:1-4; T-10.IV.7:5-6; T-7.V.10:6, 9-12; T-7.XI.5:1-2; Ü-II.330.1:4.

4 Die Mittel zum Erwachen

T-8.IX.5:1. *Aus dem Traum erwachen:* T-28.II.6:7-8; T-17.I.1:5-7; T-28.II.5:2-4; T-28.II.4; Ü-I.140.3:2-4; T-28.II.5:6-7; T-28.II.12:1-3; T-28.III.1:6-8; Ü-I.137.5:1; Ü-I.140.4:2-6; Ü-I.140.1; Ü-I.140.2; T-12.VI.5:2-3; T-8.IX.5:1; Ü-I.137.8:1-2; H-12.6:5-11. *Nach innen schauen:* T-8.IV.4:5-6; T-29.VII.2:1-2; T-29.VII.1:6-12; P-2.VII.9:7-8; T-13.XI.3:13; T-27.V.11:1-2, 4-5; T-23.I.4:1-3; T-2.I.5:11; T-6.V-B. Titel; T-11.IV.3:2; Ü-I.1.Wdh.Einl.4:4-5; Ü-II.262.2; T-18.VII.5:7. *Psychotherapie:* P-Einl.1; P-1.1:1; P-2.IV.6:1; P-2.Einl.1:1; P-1.2:6; T-9.V.8:1; P-2.VII.1:1-3; P-3.II.1:3. *Vergebung und Dankbarkeit:* H-22.1:9; T-18.IX.14:3; Ü-I.99.10:1; T-26.VII.10:3-4; T-30.V.6:2; T-30.VI.2:1-2; T-30.VI.5:1; Ü-I.198.9:5-6; Ü-I.126.7:5; Ü-I.75.9:4; Ü-I.75.9:6-7; T-15.VIII.1:7; T-30.IV.8:4-6; T-5.IV.7:2; Ü-I.159.2:1-3; Ü-II.335.1:1-4; T-30.VI.8:1-5; T-20.I.4:5; T-20.IV.7:2-3; Ü-I.195.9:1-4; Ü-I.195.8:1-3; Ü-I.195.7:1-3; Ü-I.195.8:6; Ü-I.1.Wdh.60.1:4; Ü-I.2.Wdh.82.1:4-5. *Wirklichkeit und Wahrheit:* T-9.IV.12:1-3; T-10.IV.2:1-2; T-9.IV.10:1; T-11.VIII.14:10-15:1; T-30.VIII.1:1-3; Ü-I.140.9:2; T-16.VII.10:1; Ü-I.137.7:1; Ü-I.140.6:5; T-11.VIII.4:3; T-17.VIII.2:2-6; Ü-I.107.5:1; Ü-I.107.3:3-6; Ü-I.136.16:1; T-12.I.1:3; Ü-II.14.3:7; Ü-I.136.12:4; Ü-II.14.2:4-5; Ü-I.136.20:2-3; Ü-I.136.15:2-7; Ü-I.137.4:4.

5 Die Freude der Freiheit

T-11.VIII.11:3. *Der heilige Augenblick:* T-15.IV.1:3; T-16.VII.7:5; T-21.VIII.5:1-3; T-15.I.12:2-4; T-18.V.6:3-7; T-18.V.7:1-6; T-16.VI.11:7. *Schau und Ganzheit:* T-12.VIII.4:3; T-21.Einl.1:10; Ü-I.1.Wdh.56.2; T-20.VIII.1:1; T-21.VII.7:1-7; T-31.VIII.8:4-6; Ü-I.108.3; T-20.VIII.6:1; T-20.VIII.7:2; T-20.VIII.10:4-5;

T-20.VIII.8:1-8; T-20.II.7:1; T-20.II.7:5; T-20.II.8:11-12; T-20.VIII.5:7-8; Ü-I.158.7; Ü-I.158.8:1-2; T-21.I.10:4; T-22.VI.6:1-3; T-11.II.4:1; Ü-I.20.Titel; T-13.VI.9:2; T-5.VII.2:8; T-5.Einl.2:1-2, 4-5; T-8.IX.7:4; T-7.IV.4:3; T-16.V.5:4; T-11.IV.7:3; T-6.II.1:2; T-21.I.8; T-21.I.9:3-4; T-12.IV.7:1; T-12.VIII.8:8; T-13.X.6:6; H-22.1:5; T-13.IX.1:7-8; T-7.IX.4:2-5; T-7.IX.6:7-9. *Liebe und Freude:* Ü-I.99:12:5; T-12.II.3:1; T-12.I.10:1-2; T-7.VI.6:6; T-13.III.9:2-3; T-12.VII.8:1; T-27.V.11:4-5; Ü-II.5.5; T-7.VI.4:7; T-11.VIII.11:4; T-5.I.1:1; T-7.VI.13:1; T-5.Einl.1:1-3; Ü-I.190.6:1-5; T-5.Einl.1:4-7; T-8.VII.15:1; Ü-I.104.1:1-2; Ü-I.103.3:2; T-11.Einl.4:8; T-5.I.1:3; T-7.I.5:3; Ü-I.190.11:2. *Das Licht in dir:* T-13.VI.11:1-4; T-8.III.1:3; Ü-I.188.6:1-5; T-13.X.9:4-6; T-13.X.12:2; T-13.VI.11:8; T-11.IV.4:1-4; T-13.VI.2:4-5; T-13.V.8:9; T-13.X.14:2; T-13.VI.10:3; T-14.II.8:1-2; T-20.II.11:6-7; T-14.III.6:2-3; T-13.VI.11:9-10; T-21.I.10:6-7; T-22.VI.15:1. *Ruhe in GOTT:* T-7.IV.2:6; T-7.IV.6:9; P-2.V.4:4; T-25.IX.7:4; Ü-I.185.13:1; T-13.VII.15:3; Ü-I.109.3; Ü-I.109.4:1-3; Ü-I.109.5:4-7.

Die Herausgeber

Frances Vaughan und Roger Walsh, die Herausgeber, sind ein anerkanntes Autorenteam und erfahrene Psychologen, die seit vielen Jahren die spirituellen Dimensionen der Psyche erkunden. In *Heilung finden* widmen sie sich als intime Kenner von *Ein Kurs in Wundern* einem zentralen Thema unseres Seins.

Die Reihe wird ergänzt mit den beiden Bänden *Wahrheit finden* (bereits erschienen) und *Frieden finden* (erscheint 2000).

Jane English ist eine preisgekrönte amerikanische Fotografin. Ihre meditativen Naturaufnahmen wurden zur Illustrierung mehrerer Werke ausgewählt, wie z. B. für Übersetzungen der Klassiker der chinesischen Literatur, des *Tao Te King* von Lao Tse und der *Inner Chapters* von Chuang Tzu.

EIN KURS IN WUNDERN

»Nichts Wirkliches kann bedroht werden. Nichts Unwirkliches existiert. Hierin liegt der Frieden Gottes.«

Ein Kurs in Wundern ist eine meisterhafte Synthese von zeitlosen spirituellen Einsichten und wesentlichen psychologischen Erkenntnissen. Er stellt uns einen Weg der Geistesschulung zur Verfügung, durch die der eigene innere Lehrer gefunden werden kann. In seiner Ausdrucksweise christlich, behandelt er universelle geistige Themen und führt uns hin zum wahrhaften Frieden.

Das Werk besteht aus dem Textbuch, dem Übungsbuch und dem Handbuch für Lehrer. Im Textbuch werden die Konzepte dargelegt, auf denen das Denksystem des *Kurses* gründet. Die darin enthaltenen Gedanken stellen die Grundlage für die 365 Lektionen im Übungsbuch dar, bei denen das Hauptgewicht auf der täglichen Erfahrung durch die Anwendung liegt. Das Handbuch für Lehrer gibt Antworten auf viele Fragen, die sich beim Studium ergeben.

Ein Kurs in Wundern wurde uns gegeben, um »uns den Weg des Lichtes zu eröffnen und uns Schritt für Schritt die Rückkehr zum ewigen Selbst zu lehren, das wir verloren zu haben glaubten«.

1320 Seiten, gebunden, 4. Auflage

Kenneth Wapnick

Einführung in
EIN KURS IN WUNDERN
Betrachtungen über einen anderen Weg zum inneren Frieden

Die wichtigsten Prinzipien von *Ein Kurs in Wundern* werden hier sehr anschaulich von Kenneth Wapnick dargelegt. In seiner Einführung gibt uns der Autor einen leichtverständlichen und lebenspraktischen Einblick in die Grundlagen dieses einmaligen Werkes, das uns den Weg zu einem ruhigen und friedlichen Geist weist. Neben einer kurzen Betrachtung über die Entstehung des *Kurses* enthält die Einführung auch Antworten zu Themen, die uns alle bewegen.

Kenneth Wapnick war eng mit der Veröffentlichung von *Ein Kurs in Wundern* verbunden und gilt weltweit als sein bester Kenner. Er lehrt den *Kurs* seit 1973 und integriert dessen Prinzipien in seine Arbeit als Psychologe und Leiter eines Akademie- und Retreat-Centers in den USA. Unzähligen Menschen aus aller Welt hat er geholfen, die Lehre des *Kurses* in ihrem Alltag wirksam werden zu lassen.

154 Seiten, 5. Auflage

Kenneth Wapnick

DIE VERGEBUNG UND JESUS

Zentrale Lehren von Christentum und *Ein Kurs in Wundern*

Im Mittelpunkt dieses richtungweisenden Werkes stehen Jesus und die wahre Bedeutung der Vergebung. Im ersten Teil erläutert der Autor eingehend und mit großer Klarheit die Funktion des Ego und die Bedeutung der Vergebung. Elementare Themen wie Krankheit, Ungerechtigkeit und Sexualität werden – aus der Sicht von *Ein Kurs in Wundern* – beleuchtet und anschaulich gemacht.

Im zweiten Teil zeichnet Kenneth Wapnick ein lebendiges Bild des vergebenden Jesus. Ausführlich werden die Lehren Jesu zur Vergebung und der Sinn der Kreuzigung behandelt – dabei werden viele Mißverständnisse ausgeräumt, die unser Jesusbild bis zum heutigen Tag trüben und verfälschen.

Welche Rolle Jesus heute in unserem Leben spielen kann und was es bedeutet, ihm zu folgen, das eröffnet uns der Autor in seiner klaren und einfühlsamen Sprache in den beiden letzten Teilen. Er ebnet uns damit einen unmittelbaren Zugang zu *Ein Kurs in Wundern* und zu neuem christlichem Glauben.

411 Seiten

DER VERGESSENE GESANG

Ein Kurs in Wundern wurde aufgrund einer inneren Stimme von der angesehenen Psychologieprofessorin Dr. Helen Schucman zwischen 1965 und 1972 niedergeschrieben. Bei diesem ungewöhnlichen Unterfangen stand ihr von Anfang an ihr Kollege Dr. William Thetford, ebenfalls Professor an der New Yorker Columbia-Universität, zur Seite.

Dieser authentische Dokumentarfilm berichtet von der wunderbaren Entstehungsgeschichte des *Kurses* und zeichnet die Erlebnisse Helen Schucmans nach. Er schließt nachgespielte Szenen aus ihren Visionen und Träumen ein, die zur Niederschrift des *Kurses* führten, sowie wörtliche Abschnitte aus ihrer unveröffentlichten Autobiographie.

Ein ergreifender Einblick in die Geschichte des *Kurses* – für Auge, Ohr und Herz.

6. Auflage, VHS-Video, 60 Min., DM / SFr. 79,–